博物馆之城
城市文化更新的前沿探索

CITY OF MUSEUMS
FOREFRONT STUDY OF URBAN CULTURAL UPDATE

李晨　耿坤　著

江苏凤凰文艺出版社

图书在版编目（CIP）数据

博物馆之城：城市文化更新的前沿探索 / 李晨，耿坤著.—南京：江苏凤凰文艺出版社，2022.8（2025.3 重印）
ISBN 978-7-5594-7004-1

Ⅰ.①博… Ⅱ.①李…②耿… Ⅲ.①博物馆事业—研究—中国 Ⅳ.①G269.2

中国版本图书馆CIP数据核字（2022）第124462号

博物馆之城：城市文化更新的前沿探索
李晨　耿坤　著

出 版 人	张在健
策划编辑	张　遇　费明燕
责任编辑	胡雪琪
校　　对	赵卓娅
责任印制	刘　巍
书籍设计	邱雪峰
出版发行	江苏凤凰文艺出版社
	南京市中央路165号，邮编：210009
网　　址	http://www.jswenyi.com
印　　刷	江苏凤凰通达印刷有限公司
开　　本	889毫米×1194毫米　1/32
印　　张	5.75
字　　数	150千字
版　　次	2022年8月第1版
印　　次	2025年3月第2次印刷
书　　号	ISBN 978-7-5594-7004-1
定　　价	48.00元

江苏凤凰文艺版图书凡印刷、装订错误，可向出版社调换，联系电话 025-83280257

目录

序一 ··· 6

序二 ··· 9

第一章　城市文化与博物馆发展 ······················· 13
　　一、城市文化功能与博物馆价值 ················ 14
　　二、城市类型与博物馆品类 ······················· 16
　　三、城市空间与博物馆布局 ······················· 19

第二章　博物馆之城的概念及发展历程 ············ 21
　　一、概念的引入 ·· 21
　　二、定义定位辨析 ···································· 30
　　三、发展趋势展望 ···································· 31

第三章　博物馆之城建设的主要方面 ··············· 33
　　一、建设博物馆生态林 ····························· 33
　　二、建强博物馆功能树 ····························· 35
　　三、建构博物馆产品链 ····························· 37
　　四、建立博物馆协作体 ····························· 39
　　五、建成博物馆文化圈 ····························· 40

第四章　博物馆之城建设的基本路径 …………………………… 43
一、凝聚各方力量，做好顶层设计 ……………………………… 44
二、依托城市更新，加强博物馆建设 …………………………… 47
三、融入市民生活，赋能经济发展 ……………………………… 51

第五章　博物馆之城建设的模式策略（一）
——以博物馆建设驱动城市空间重构 ………………………… 55
一、建设文化地标型博物馆，助推城市转型发展 ……………… 56
二、发展文化特色型博物馆，保护城市文化多样性 …………… 61
三、保护传承古都文化遗产，保育历史城市的"文化湿地" ……………………………………………………………… 66

第六章　博物馆之城建设的模式策略（二）
——以博物馆集群推动街区文化再生 ………………………… 69
一、从历史文化街区到博物馆街区 ……………………………… 71
二、从传统工业空间到博物馆工厂 ……………………………… 74
三、从传统村镇到博物馆小镇 …………………………………… 76

第七章　博物馆之城建设的模式策略（三）
——以"类博物馆"激发城市文化活力 ……………………… 80
一、"类博物馆"概念解读 ……………………………………… 80
二、"类博物馆"的形态特色 …………………………………… 82
三、"类博物馆"的发展趋势 …………………………………… 87

第八章　博物馆之城的评价指标 ·················· 89
　　一、文化城市的评估实践 ························ 89
　　二、城市评估体系中的博物馆建设指标 ·············· 92
　　三、"博物馆之城"建设成效评价体系构建 ············ 95
　　四、"博物馆之城"建设成效评估指标构成 ············ 99

第九章　博物馆之城的实践案例 ···················· 105
　　一、北京 ·································· 105
　　二、西安 ·································· 110
　　三、南京 ·································· 114
　　四、佛山 ·································· 118

附录1　中央宣传部　国家发展改革委　教育部　科技部　民政部　财政部　人力资源社会保障部　文化和旅游部　国家文物局关于推进博物馆改革发展的指导意见 ·············· 123

附录2　北京博物馆之城建设发展规划（2024—2035年）········ 130

附录3　呼和浩特博物馆之城建设总体规划（2025—2035）······· 157

后记 ·· 182

序一

《孟子·公孙丑上》云："虽有智慧，不如乘势；虽有镃基，不如待时。"随着博物馆热的兴起，博物馆城之建设应运而生。2021年，中央宣传部、国家文物局等九部门联合发布了《关于推进博物馆改革发展的指导意见》；同年的"5·18"国际博物馆日中国主会场活动期间，国家文物局、北京市人民政府签署共建北京"博物馆之城"战略合作协议，强力推动北京市建设"博物馆之城"。受北京市文物局的委托，中国文物报社与北京博物馆学会一道，承担了《北京博物馆之城建设发展规划（2021—2035）》的编制任务，这也是我们思考"博物馆之城"问题的起点。

一座城市有一座城市的个性和特点。建设"博物馆之城"，不仅要求在北京城里建设量大质优的博物馆，而且要求把博物馆建设与发展从行业发展战略提升到城市发展战略，把博物馆新理念融入整个城市建设过程，体现在每一个街区、每一座建筑，为保护传承好城市之根、城市之魂，在建设中国特色中国风格中国气派的博物馆体系的总体框架和基础平台之上，凸显城市特色城市风格城市气派。

随着博物馆热的兴起，博物馆的数量快速增长，在生气淋漓、野蛮生长的同时，难免参差不齐、泥沙俱下，迫切需要走上高质量发展、高效能发展的道路。当前，新文物与新文博、新文教、新文创、新文旅蓬勃发展，说明文物与文博的概念及其内涵都在发生变革。如果说高质量发展是博物馆事业发展的形势使然，解决了怎么发展的问题，那么大众化发展是博物馆事业发展的本质要求，回答了为谁发展的课题。博物馆应当是属于人民大众的，抵达并且进入社会公众的日常生活。博物馆不仅是文物的展厅、学术的殿堂，而且应当成为市民的第二客厅、学生的第二课堂。在分门别类、填平补齐，建设比较完备的历史博物馆、专业博物馆体系的同时，应建设比较健全的街区博物馆、乡村博物馆体系，形成层次清晰、配置优化、布局合理的博物馆网络。

在博物馆之城建设过程中，应当把旧文物保护利用与新文物保护利用结合起来。博物馆不仅收藏历史，而且可以见证当下。文物是历史的物证，凡是重要历史事件的典型物证皆可视作文物。不必只有古董古物才是文物，当下重要事件、生产生活状态的典型物证也是文物。应当把物质文化遗产与非物质文化遗产、物态文化遗产与活态文化遗产保护利用结合起来。物态文化遗产往往需要活化利用，活态文化遗产往往需要物化保护。

作为博物馆之城建设的重要抓手，需要有一批新项目新工程、大项目大工程，才能让规划落实落地而不是落空。既要做大增量，又要盘活存量。例如可以组建博物馆集群。在城区，可以选择若干资源密集、优势显著、具有潜力的片区，因势利导，规划建设若干博物馆街区；在郊区，可以支持建设若干博物馆小镇。加强整体策划，明确宗旨主题，组织开展系列化、规模化的全行业集体宣言和共同行动，让博物馆流动起来、联动起来。可以搭建统一开放的城市网络博物馆、移动博物馆平台，让博物馆优质内容抵达更多的固定终端和移动终端，建设随人随时随地可以触及的博物馆，不仅让市民共同生活在同一座博物馆里，而且可以把每一座博物馆带回家。

整体规划，科学设计，完善体制，创新机制，加强组织领导，强化政策保障，以首善标准推进博物馆之城建设，才能更好地推动博物馆事业高质量发展。新规划应当有新理念体系、新任务体系、新目标体系作为灵魂和骨架，而它们又需要以配套的新政策体系、新项目体系和新指标体系来贯彻和实现。

本书作者作为中国文物报社委派的牵头人，与北京博物馆学会共同组建了精干的规划工作团队，全程参与了《北京博物馆之城建设发展规划（2021—2035）》的编制项目，系统收集了国内外"博物馆之城"建设的基础资料，深入调研了国内各大城市开展"博物馆之城"建设的做法经验，倾听了解北京市各区县、各部门、各博物馆对"博物馆之城"建设的诉求与期望，最终形成了一系列研究成果。

此次作者结合推进北京建设"博物馆之城"的工作经验，将自身对于"博物馆之城"相关问题的理解、认识援笔成篇，集结成册，形成了具有时代特色的学术成果，也成为《关于推进博物馆改革发展的指导意见》发布后首部关于"博物馆之城"的研究著作，这种将工作对象作为研究对象、把研究成果转化为工作成果的做法，让我深感欣慰，也十分赞赏。

中国文物报社作为全国性文博专业媒体，始终密切关注文博领域的新发展新趋势，面向各地文物主管部门和文博单位提供专业咨询服务，并致力于打造文博行业的专业智库。作为中国文物报社文博专业咨询服务的研究成果之一，希望本书的出版能给各地文博同行的工作带来帮助。

中国文物报社社长　柳士发

序二

城市是人类物质财富的集聚地,也是人类精神文化的创新地,并肩负着人类文明记忆的重要职能。

在人类发展的历史长河中,聚落、城市以及当下被日益关注的各地城市群、各类功能区等,相继扮演了十分重要的角色,而对既往文明的记忆则是一座城市的灵魂。离开了这些记忆,城市中的人们既无法认识自己,也无从理解自身与环境的关系。正是人类文明记忆的不断积淀、世代传承,才使城市逐步衍化为文化的"容器",并将局促的当今世界与广阔的历史岁月联结起来,为我们的现实行动提供认知自我、辨明方位和观察当下、前瞻未来的支撑,激励我们在过去的基础上创造现实和未来。

在当今世界的城市建设发展中,无论文明古都、历史城市,还是工业化、城镇化时代的新兴都市、功能集群,其产业聚集、经贸往来、文化交流等,大都离不开城市历史根脉、文明底蕴和文化品质的形象塑造。其中,博物馆对城市记忆的典藏和诠释,恰好可以极大地延展和增强城市之于人类文明记忆、文化"容器"的功能。

"不容青史尽成灰""自将磨洗认前朝"。博物馆素以文化与自然遗产保藏、研究和展示、传播等职责使命而屹立于大大小小的城市地段,同时作为往昔辉煌文明见证物的最佳归宿,为今天触摸历史、今人对话古人提供坚实途径。因此,从保存城市历史记忆角度看,一家家博物馆更像一座座最为永恒的文化宝库,也是人类文明足迹、历史信息储存的终极形态。正是由于博物馆的存在，城市才见证了自身抵御时间侵蚀的能力，彰显了挑战自然的精神。

近年来，在习近平总书记"让文物活起来"等系列重要指示精神的领航下，以物证史、以史叙事，让传统文化活在当下，把历史智慧传递给公众，已成为我国各级各类博物馆的行为圭臬。各地文博展览、研究传播和文创产品开发如火如荼，博物馆在广泛实施免费开放、改善公共文化服务的进程中，加快融入经济社会发展和公众生活。一些文化遗产资源富集，博物馆数量增长快、集聚效应强的城市，以及其他历史文化名城和大众旅游目的地城市，更是紧抓机遇，纷纷提出了建设"博物馆之城"的命题，或在有关论坛、研讨活动中对其规划思路展开探索，或组织课题、进行调研，在政府工作报告、有关发展规划及行业（部门）文件中屡做部署。在这一时代背景下，围绕我国城镇化和城市更新的发展进程，着眼现代博物馆学理论前沿，跟踪各地"博物馆之城"建设的生动实践，聚焦"博物馆之城"的基本概念、建设内容、建设路径等展开研究探讨，将对推动我国博物馆深化改革、探索实现高质量发展，加快构建现代公共文化服务体系等，产生重要而深远的影响。

2021年，中央宣传部等九部门印发的《关于推进博物馆改革发展的指导意见》、国务院办公厅发布的《"十四五"文物保护和科技创新规划》均明确提出：探索在文化资源丰厚地区建设"博物馆之城"。"博物馆之城"开始由局部探索上升为国家战略。受北京市有关部门委托，中国文物报社和北京博物馆学会承担了《北京博物馆之城建设发展规划（2021—2035）》的调研、编制工作。本书的两位作者，作为该规划编制团队的主要成员，担纲了规划文件的执笔工作，在课题研究和文件编制过程中，将悉心收集的研究资料和集腋成裘的思想观点加以汇聚梳理，从含义概念、建设内容、建设路径、模式策略、评价方式等多个层面，对"博物馆之城"的基本理念和当下行动进行了系统阐释，对各地"博物馆之城"建设具有难得的借鉴价值，尤其值得各地博物馆、文物主管部门及城市规划等相关领域从业者研读参考。

我国已步入国民经济与社会发展"十四五"规划及2035年目标任务期，社会主义文化强国建设进程业已开启，文博事业迎来高质量发展机遇期。"博物馆之城"作为一项区域性博物馆发展目标和系统工程，既需要科学谋划、目标引领，各方共识、积极作为，更需要找准路径、精准发力，求真务实、善作善成。

期盼本书的出版发行，能为"博物馆之城"建设发展相关论题的深入探讨带来正向助益，并对拓展博物馆学研究视野产生积极影响。

是为序。

北京鲁迅博物馆研究馆员　李耀申

2022年夏于北京

#　第一章　城市文化与博物馆发展

城市是现代工业文明的综合体。一座城市的骨骼、肌理和灵魂，需要在一次次的更新中进化。改革开放以来，中国经历了世界历史上规模最大、速度最快的城镇化进程，城市发展波澜壮阔，取得了举世瞩目的成就。城市发展带动了整个经济社会发展，城市建设成为现代化建设的重要引擎。据统计，从1978年到2020年，中国城镇化水平从17%增长到63.89%，平均每年增长1%，城镇人口从17245万人增长到90199万人，平均每年增长1700万人，城镇常住人口超过农村常住人口，中国正式成为统计学意义上的"城市化"国家。[1]

伴随着城市发展，数量庞大的人口进入城市，城市规模不断扩大，地理范围不断延伸，人口密集、交通堵塞、生态危机、违法建筑等一系列城市问题开始出现。为了解决日益滋生的各种"城市病"，推动城市和谐、健康发展，对已经不适应现代化城市社会生活的地区做必要的、有计划的改建活动，即"城市更新"理念，开始被引入中国，并得到广泛应用。城市更新不同于传统的旧城改造，更加关注对城市历史文化的保护和工业时代遗迹的保存，希望通过对城市空间、功能、文化内涵等进行有机更新，以推动实现城市的可持续发展。

进入新时代，城市居民对于休闲文化消费的需求不断上升，人们开始重新认识文化在城市发展中的重要作用。"城市"与"文化"是两个既不相同，又如影随形的概念，并在历史进程中发生着越来越密切的关系。从历史发展的角度来看，"城市"与"文化"的联姻，是历史的必然，在当今社会中，"城市"与"文化"共同滋养着城市建设和文化发展，为我

---

[1] 张伟：《城市更新视域下文化产业发展研究》，经济科学出版社，2021年。

们构建了丰富多彩的城市文化。[1]有西方学者把"文化储存、文化传播和交流、文化创造和发展"称为"城市的三项最基本功能",并且意识到可以通过传承、弘扬城市文化传统,甚至创造新文化,给城市带来发展契机,将文化作为城市更新发展的重要支点,进而提出了"文化导向城市更新"(Culture-led Regeneration)的全新理论。[2]博物馆作为重要的城市文化资产,在保存城市记忆、推动文化交流方面具有重要作用,也是推动城市更新不可缺少的物料和工具。鉴于此,一大批正处于城市更新进程中的大、中型城市都不约而同地提出了建设"博物馆之城"的城市发展目标,期待博物馆这朵城市文明之花,能够扮靓后工业时代城市更新与可持续发展之路。

一、城市文化功能与博物馆价值

德国规划界学术巨匠阿尔伯斯教授(G. Albers)曾经说过:"城市好像一张欧洲古代用作书写的羊皮纸,人们将它不断刷洗再用,但总留下旧有的痕迹。"千百年来,人们在自己的聚居地上世代经营,前人所修筑的城垣、建造的房舍、开辟的道路,逐渐变身为今天的古迹遗址、历史建筑、文化街区;生活在城市之中一代又一代的君王、学者、商贾、农夫,他们的所见所闻,逐渐变成城市中的历史故事、民间传说、传统民俗,并汇聚形成独一无二的城市文化。城市作为一种贮存文化的特殊容器,有形与无形的文化元素在庞大的城市环境中被收藏、留存、记录,发展,正如一位学者所说的一样:"如果说博物馆的产生和推广主要是由于大城市的缘故,那也意味着,大城市的主要作用之一是它本身也是一个博物馆;历史性城市,凭它本身的条件,由于它历史悠久,巨大而丰富,比任何别的地方保留着更多更大的文化标本珍品。"

博物馆现象起于古代人对周围珍贵、稀见和具有纪念意义的物品的收

---

[1] 单霁翔:《关于"城市""文化"与"城市文化"的思考》,《文艺研究》2007年第5期。
[2] 齐骥:《城市文化更新:如何焕发城市魅力》,知识产权出版社,2021年。

藏。作为舶来品的博物馆，自17世纪出现在欧洲之时，便与当时的社会结构、市民文化和国家权力有着天然的联系。而推动博物馆实现从贵族精英到人民大众这一历史性转变的主要力量则是欧洲社会的工业化运动。事实上，真正现代意义上的城市崛起就是由以工业文明浪潮为基础的现代化运动直接造就的，与工业化、现代化相伴而生的是城市化。工业革命和科学技术的发展给博物馆的发展注入了新的活力。一方面，为了展示工业革命的成就和普及科学知识，许多国家建立起工业和科学博物馆，这些博物馆成为科学标本收藏、研究的基地。另一方面，博物馆的工作重点逐渐从科学知识的积累转向科学精神、知识和技能的传播，博物馆的社会教育职能开始形成，它是对博物馆收藏、研究职能的重要延伸。工业革命给西欧社会带来了工业文明、城市文明，从历史发展的角度看，只有在城市文明高度发达的条件下，博物馆这种文化事业才能茁壮成长。[1]城市的发展促进了博物馆的发展，博物馆也在城市发展的过程中做出了自己的贡献。人们要生活在一个城市中，必须理解是什么使这块地方变成现在这个样子的。城市化导致人们对居住的地方没有了归属感和安全感，而博物馆是一个保存城市记忆的地方，有人说它是"挂在墙上的教科书"，也许不是十分全面和准确，但透过博物馆，人们确实可以了解一个城市的历史和过去、文化与传统。只有通过阅读历史，通晓文化，才能对城市、对国家产生归属感和依附感。

　　城市中的博物馆每天接待来自国际国内的游客，它是显示一个城市的文化底蕴，展示一个国家、一个地区传统文化的最佳窗口。不同的观众来到博物馆会有不同的收获，当一个外来者刚进入这个城市时，他可以通过博物馆了解这个城市的历史和过去、文化和传统，透过这些增强对这个城市的了解，因了解而尊重，进而重新认识各地本土文化。当一个在外漂泊多年的人回到自己的故土时，他可以通过城市博物馆找回自己的许多美好回忆，也许一件普通的玩具、一个简单的场景，都能勾起无限的遐想，唤起对家乡的热爱、对文化的热情。对于一个久居城市的人来说，城市博物

---

[1] 杨玲、潘守永主编：《当代西方博物馆发展态势研究》，学苑出版社，2005年。

馆就是一座城市的百科全书，是浓缩的城市发展史，通过对城市的地理环境、历史沿革、经济文化、民俗风情的展示，使人们了解城市的兴衰、感受生活的甘苦、回归心灵的家园，从而自觉自愿地加入保护和传承历史文化的队伍。

城市文化是一个多维的概念，它包括：物质层面，如城市的建筑设施、街区街貌；行为层面，如市民生活习俗、交往方式；制度层面，如城市的组织结构、管理机制；以及精神层面，如城市的道德观念、审美趣味等。[1]这四个层面是整体呈现、交互作用的。物质层面、行为层面离不开制度的保证，当然更离不开思想观念的支撑，制度不可能是完美的，制度有缺失的地方就要靠道德来约束。亚当·斯密讲过，道德的约束是对社会最大的润滑，是对经济成本最低的消耗。

因此，城市文化的核心意义就是向人们诠释生活的意义，让人们追求真善美。这与博物馆文化的目标不谋而合。博物馆文化的目的就在于引导人们正确了解自己在自然界与社会生活中的位置，用真（理性）、善（道德）、美（情感）的文明准则正确对待自己、对待社会、对待自然界。[2]博物馆不仅在传播知识，更重要的目的在于弘扬科学精神，在潜移默化中净化人们的心灵，提高道德文化素养。

二、城市类型与博物馆品类

在漫长的历史中，人类城市大约经历了三次大的升级更新，有学者将其归纳为：从村庄发展到大城堡形态的"历史城市"（包括政治城市和商业城市），营造出地方空间（包括神圣和历史空间），再到大工厂生产推动"工业城市"复制抽象空间，最后到作为空间大节点与核心的"后工业城市"生产差异空间。历史城市的地方空间反映前工业社会的政治与文化秩序。工业城市的抽象空间反映现代社会的资

---

[1] 任平：《时尚与冲突——城市文化结构与功能新论》，东南大学出版社，2000年。
[2] 甄朔南：《传承文明、与时俱进、启人心智——博物馆文化的特征》，《中国文物报》2001年9月28日。

本循环与积累及其引发的一系列非均衡问题。后工业城市的差异空间反映后现代社会的多元化与特殊性。[1]在不同类型的城市中，由于建城时间、地理环境、历史发展、人口结构上的不同，导致文化资源的禀赋、文化精神的内涵、文化消费的市场、文化产业的构成都存在显著的差异，这也在客观上决定了一个城市对包括博物馆在内的各类文化设施配置的明显区别。

每一个城市在其形成初期，往往就产生了鲜明的文化定位，发现并坚持城市文化定位，是每个城市规划发展的核心任务。城市文化的定位科学准确，符合其历史传统和现实状况，就能成为城市居民的共同价值，城市发展也就会卓有成效。[2]20世纪中叶以来，文化政策主导下的"城市更新"已经成为全球推动"城市复兴"的一种主流方式，各国政府都积极通过文化战略的实施，推动城市经济复兴。例如，英国在1993年发布《国家文化艺术发展战略》，日本在1995年发布《新文化立国：关于振兴文化的几个重要策略》，新加坡在2000年提出发展成为"一个充满动感与魅力的世界级艺术城市"的战略目标。[3]综观世界各地城市的"文化更新""文化复兴"进程，我们可以发现虽然"文化转向"正在成为城市发展的时代趋势，但是与建筑规划层面的城市更新不同，拥有不同城市文化定位、属于不同文化类型的城市，会朝不同的路径发展，归纳起来大体可以分为历史名城、工业城市和新兴城市三种类型。

首先是拥有悠久历史和丰富文化遗产的历史文化名城。此类城市的特点是文化资源丰富，日常生活生产中积淀的文化底蕴丰厚，可移动文物、不可移动文物以及非物质文化遗产等文化元素为数众多。可移动文物当然应以各类博物馆为最佳归宿并规划适当的博物馆体系，所以博物馆数量一般也较为丰富，集中连片分布的历史街区、名胜景区等鳞次栉比，为数众多的古建

---

1 彭显秋、叶林：《城市更新：广义框架与中国图式》，《探索与争鸣》2021年第11期。
2 单霁翔：《关于"城市"、"文化"与"城市文化"的思考》，《文艺研究》2007年第5期。
3 陈慰、巫志南：《从功能城市到文化城市："欧洲文化之都"公共文化建设研究》，《山东大学学报（哲学社会科学版）》2017年第9期。

筑是城市中独特的视觉文化符号，一些传统功能已经消失的建筑逐渐博物馆化，为展示城市历史、弘扬城市文化发挥着重要的作用。历史文化名城也往往旅游需求比较旺盛，外来游客较多，考古遗址、古建遗迹、文化专题博物馆成为城市中重要的旅游目的地，受到国内外游客追捧。可以说，历史文化名城往往都是自然天成的"博物馆之城"。

其次是经历工业建设热潮的工业化城市。新中国成立后，为改变我国工业生产落后的情况，国家开始了大规模的工业建设，全国建成一批工业重点中心，完整的工业体系基本形成。[1]改革开放后，第二产业比重下降，传统工业的发展模式不再适用，许多工业城市开始转型。随着德国鲁尔等传统工业城市改造成功案例的广泛传播，各国开始重新审视工业时代遗留在城市中的各类工业遗产，努力通过文化的力量使其重放光彩。2003年，国际工业遗产保护协会通过了《下塔吉尔宪章》，明确提出：工业遗产作为普通人们生活记录的一部分，并提供了重要的可识别性感受，因而具有社会价值。《下塔吉尔宪章》同时强调：继续改造再利用工业建筑可以避免能源浪费并有助于可持续发展。工业遗产对于衰败地区的经济复兴具有重要作用。在学术界的积极倡导下，许多城市开始探索将工业遗产重点应用于文化设施建设，如博物馆、美术馆、展览馆、社区文化中心、文化产业园区等，既体现工业遗产特色，又使公众得到游憩、观赏和娱乐。在一代又一代人的努力下，如今，798文创区让工业遗产与时尚和艺术紧密相连，北京冬奥会让首钢的工业遗产大放异彩，上海世博会让黄浦江两岸的工厂成为宝钢大舞台、城市未来馆，广州亚运会让太古仓成为时尚之地……

再次是工业时代以后兴起的新兴城市。伴随着建筑技术的发展和城市规划理念的创新，越来越多的后工业化时代新兴城市开始转化为"多核大都会地区"（Multi-nucleated Metropolitan Region）的空间格局。去中心化方案将城市生活扩展至郊区并聚集成新的居住、服务、商业和工业中心，依靠特定的空间配置和组织实现"时空压缩"的生产生活。公共艺术、文化消费开始受

---

[1] 徐安利、马宏瑞、佘跃心：《城市老旧工业区更新改造策略研究——以上海西岸为例》，《智能建筑与智慧城市》2021年第12期。

到公众的广泛关注。包括博物馆在内的各类文化舒适物开始成为城市吸引力的中心。较之于历史文化名城和工业化城市，后工业时代的新兴城市更加关注博物馆作为文化场景、消费触媒对于文化消费、文化产业的促进作用，通过规划建设自然、科学、艺术类的现代博物馆等，将其作为发挥现代城市提高公众素质、发展城市新兴产业的抓手。

三、城市空间与博物馆布局

城市空间的布局与结构是城市各种结构关系的空间载体理性抽象的表现，需要综合考虑城市内部的经济结构、产业结构、社会结构、劳动结构、人口结构等多样结构关系。城市空间与人的行为相互作用，相互影响。城市不只是衣食住行的场所，而且是人与外界交流、对话、思考的场域。城市空间，尤其是公共空间的布局，不仅可以形成城市景观，也是城市个性中最明显的一环。优美的空间景观，给人艺术感染和享受；而特色鲜明的空间景观，为人们营造出城市特色与风格，增添城市的魅力；富有历史内涵的公共空间，能够唤起人们的记忆，凝聚人们对城市的认同感。鉴于此，有学者提出了"人造空间、空间塑人"的观点。

博物馆是城市的"橱窗"，体现城市形象与特色。当前，我国已经拥有超过6100座不同类型的博物馆，每年举办陈列展览3.5万余个，教育活动32.3万余场，接待国内外观众超过12亿人次。[1]作为城市中重要的文化景观，博物馆的分布、建设应当与城市总体规划相互融合，与城市肌理相互映衬，与城市设施相互协调，发挥好地理标识、精神殿堂、旅游要素和休闲空间的良好作用。要在城市总体规划的框架下，科学规划不同功能区域内的博物馆数量、品类分布，发挥好博物馆在城市和区域发展中的角色作用。例如：在城市中心城区适宜规划建设大型综合性博物馆作为城市文化地标；在学校聚集的文教功能区宜建设自然、科学、艺术、美术类博物馆，发挥其对于学校教育的辅助功能；在企业密集的经济开发区可以发挥

---

[1] 主要数据引自国家文物局发布的《2021年度全国博物馆统计便览》，观众数据为2019年新冠疫情前的数据。

企业资源优势建设行业博物馆、科技馆，支持鼓励企业参与兴办博物馆；在历史文化街区可以建设社区博物馆、胡同博物馆记录城市文化；在生态涵养区可以规划生态博物馆、村史乡情博物馆助力乡村振兴。

《"十四五"文物保护和科技创新规划》明确提出：探索在文化资源丰厚地区建设"博物馆之城"。这是我国首次在国家层面提出"博物馆之城"的建设规划，也是国家主管部门首次推动将博物馆建设与城市规划融合的尝试探索。当前正在开展的"博物馆之都""博物馆之城"建设，应从城市文化品牌化、城市综合发展的角度促进区域文化发展，更加需要通过文化增进融合、提升共识，对已有的都市资源与空间进行文化再生产，使文化功能更多地渗透到城市结构与社会的各方面。通过博物馆建设、发展带动城市结构与功能的"文化转向"，进而推动城市形态演进与社会发展。

习近平总书记指出：城市发展需要依靠改革、科技、文化三轮驱动。[1]建设"博物馆之城"正是建构城市文化、打造城市精神的重要方面，是推动"功能城市"向"文化城市"转变的重要手段，是新时代城市建设、发展、治理的创新举措。站在"两个一百年"奋斗目标的历史交汇点上，积极推动建设有中国特色的"博物馆之城"，有利于提升城市环境质量、人民生活质量、城市竞争力，建设和谐宜居、富有活力、各具特色的现代化城市；有利于推动博物馆改革发展，将博物馆事业主动融入国家经济社会发展大局，满足人民美好生活需要、建设社会主义文化强国。可以预期，随着经济社会的发展转型，人们在精神文化等方面的需求将会不断提升，而文化也会成为越来越重要的城市发展软实力，文化遗产将成为城市持续发展的宝贵资源，博物馆将会成为城市文化供给能力也是生产力的重要方面。博物馆之城的实质是要链接城市的自然与人文，贯通城市的过去与未来，让历史积淀厚养城市人文和创意能力。[2]因此，我们有理由相信，博物馆在城市发展中必将大有可为，博物馆将会让城市更美好，让生活更美好。

---

[1] 新华社：《中央城市工作会议在北京举行》，《人民日报》2015年12月23日第1版。
[2] 同上。

第二章　博物馆之城的概念及发展历程

与博物馆一样，"博物馆之城"的概念并非源于中国，而是来自中国学者对于西方博物馆事业发展现象的归纳和概括，是博物馆体系与城市文化发展相互融合的产物，是推动一定区域内博物馆集群式发展的创新实践。

一、概念的引入

在我国博物馆学界的研究语境下，"博物馆之城"与"博物馆城""博物馆之都"等概念的含义基本相同。从目前可查询到的文献数据看，最早将这一概念引入中国的是原中国博物馆学会理事长吕济民先生，他于1989年6月在《东南文化》上刊发的《基辅历史文化保护区兼博物馆城纪闻》一文中，在介绍乌克兰首都基辅的佩切尔国家历史文化保护区时，根据当地人的称谓将其称为"博物馆城"。[1] 此后，还有中国学者将意大利罗马、法国巴黎、西班牙毕尔巴鄂、英国巴斯古城、德国法兰克福博物馆之堤、美国匹兹堡文化地区等地称为"博物馆城"或"博物馆之城"。

（一）罗马

罗马是一座充满历史痕迹的城市，城中丰富的历史遗迹、大量建筑废墟遗址与历史建筑，对应着罗马城市的各个历史片段，将罗马塑造成一座有着深厚历史文化与丰厚文化遗产的文化宝库。罗马之所以能够历经几千

---

[1] 吕济民：《基辅历史文化保护区兼博物馆城纪闻》，《东南文化》1989年第3期。

古罗马斗兽场 ©摄图网

年时光洗礼，仍然保留各个时代的建筑，是因为罗马建筑基于砖石结构，且几千年来该地区没有发生过大的地质灾害。更重要的一点是，在罗马城市政权的演进中，新的政权有意识地继承其前者的遗迹，进而求得古罗马与古希腊历史继承的合法性与文化认同，并没有人为地将城市彻底破坏或重建新城。城市的新建部分或是基于原有的城市格局，或是在原有城市的边缘扩张。因此，罗马各个时期的建筑、遗址，也都被清晰地划分在不同的区域。[1]

罗马的内城被台伯河划分为东西两部分，古罗马遗迹主要分布在东岸，以台伯河中心岛东侧比较集中，其中最著名的是古罗马斗兽场、帕拉提诺山和古罗马广场，此外还有古罗马最大的马西姆竞技场、巨大的卡拉卡拉浴场等遗址。台伯河东岸、古罗马遗迹和梵蒂冈教皇国之间比较平坦的区域是市中心，这个区域内著名的遗址有保存完好的古罗马时期的万神

---

[1] 孔岑蔚：《博物馆城市——基于文化遗产展示的城市研究新视角》，中央美术学院2020年博士学位论文。

庙、纳沃纳广场，以及西班牙广场、18世纪巴洛克风格的许愿泉等。

罗马有100多个不同类型的博物馆。其中最著名的是梵蒂冈博物馆、古罗马斗兽场、帕拉提诺山和古罗马广场。这些遗址类博物馆，虽然有些只剩残垣断壁，但能够保存在原有的位置，通过它们的尺度与体量，观众也能体会其曾经的辉煌。罗马还有一类博物馆，是由中世纪建筑改造成的，这里拥有的艺术收藏品虽然数量不多但很独特，同时来访者也可以欣赏不同时期、不同类型的建筑，包括著名的波格赛画廊、斯巴达画廊、科尔西尼画廊、托洛尼亚别墅博物馆、威尼斯宫、巴尔贝里尼宫、巴拉克博物馆、圣天使城堡等。此外，罗马还有国立东方艺术博物馆、国立乐器博物馆、罗马儿童博物馆、国立民间艺术和传统博物馆、国立早期中世纪博物馆、古罗马文化博物馆、天文博物馆等不同主题的博物馆。[1]

可以说，罗马城自身就是一个基于罗马历史的大型博物馆，1887年罗马的第一份总体规划，就明确了罗马的城市功能属性："这个城市的功能是作为一个历史已被公认的活的博物馆。"1962年的城市总体规划强调了对罗马城墙内所有历史结构的保存，建立起对整个历史城市形态的整体保护。今天的罗马成了一个不断被参观与阅读的历史博物馆，不同历史时期的建筑遗产与废墟成了被观众观看的文物，街道则成了行走在文物之间的参观路径，参观与保护成为这座城市建设与发展的两个主要推动因素，城市的主要功能也隐性地成了一种为保护历史与展示文化而存在的大体量博物馆。

（二）巴黎

巴黎作为法国的首都，政治、文化、经济中心，是欧洲大陆上最大的城市。巴黎城内众多的博物馆构成了巴黎城市文化的主要内容。巴黎虽然没有绝对意义上的博物馆区域，但众多类型不同、规模不一的博物馆遍布整个巴黎，使得博物馆成为巴黎最为重要的公共文化设施。

以下几个因素使得巴黎的博物馆形成与发展：

---

[1] 李文军：《罗马和罗马的博物馆》，《设计家》2009年第11期。

巴黎卢浮宫外景 ©摄图网

一是法国资产阶级革命催生的"卢浮宫效应",以卢浮宫为代表的皇家建筑成为集中展示法国历史、文化、艺术的场所。18世纪末到19世纪中叶,巴黎共有五家博物馆,分别是卢浮宫、法国历史博物馆(位于小奥古斯丁修道院)、自然历史博物馆(位于皇家医药植物园的花园)、艺术与工艺文物馆(位于圣马丁皇家隐修院)、军事博物馆(位于圣托马斯达奎因教堂),皇室收藏、战争、殖民等因素所累积的文化与艺术遗产,使得巴黎的博物馆馆藏涵盖了多元的地域文化。[1]

二是历届世界博览会(简称世博会)的举办促进了巴黎博物馆机构的发展。从19世纪40年代开始,工业化运动在法国展开。1855年,第二届世博会在巴黎举行,此后差不多每隔10年,巴黎就举办一次世博会(1867年、1878年、1889年、1900年、1925年、1937年),共举办了7次。历次世

---

[1] 黄辉:《"文化性"空间组织力量及其认知在城市内部空间的演变——以巴黎博物馆为例》,《世界地理研究》2015年第1期。

博会的很多场馆及展品，在展后都成为博物馆或博物馆的藏品。如1900年世博会兴建的巴黎大皇宫（Grand Palais）——国家画廊、巴黎小皇宫（Petlt Palais）——巴黎市立博物馆，当然最著名的还是埃菲尔铁塔。1889年，法国政府为庆祝法国大革命100周年而举办世博会，埃菲尔铁塔是世博会的主要形象。世博会结束后，埃菲尔铁塔被保留了下来，成为法国的文化象征和巴黎的城市地标。

三是作为世界艺术中心，巴黎拥有众多的艺术遗产，构成了博物馆重要的展示内容。19世纪巴黎蒙马特区的咖啡馆里，聚集着来自世界各地的艺术家，他们就艺术的本质问题进行各种深入的讨论和争论，苦心推敲，提出了新的艺术概念，如"新古典主义""浪漫主义""巴比松画派""现实主义""印象派"等。众多艺术家的艺术作品、生平事迹、人物故事，都成了巴黎博物馆界收集、保护、展示与研究的对象，为巴黎提供了大量博物馆聚集最为重要的内容基础。

巴黎的博物馆数量众多，博物馆类型与知名度也极具代表性，众多博物馆成为游客了解巴黎最为主要的渠道。截至2019年，巴黎市区内有144座博物馆和2206个有官方备案的旅游景点。众多具有博物馆属性的机构与场馆成为巴黎文化最为重要的传播窗口，也成就了巴黎"欧洲文化中心"的美名。据统计，巴黎每年参观人数排名前十的文化场所，均为博物馆机构，且年参观人数均超过100万人次。巴黎的博物馆体系，塑造了其独有的城市文化气质，吸引着全世界的参观者。[1]

（三）巴斯

英国西南部的温泉古城巴斯，全城于1987年被联合国教科文组织列为世界文化遗产。巴斯（Bath）在英文中意为"洗浴"，作为全英唯一拥有温泉的城市，巴斯早在公元1世纪罗马帝国统治时期已经非常繁盛。现代巴斯城市建筑的主体成形于18世纪，得益于杰出的企业家罗夫·艾伦

---

[1] 详见https://press.parisinfo.com/key-figures/Tourism-in-Paris-Key-Figures2，2022年6月27日访问。

（Ralph Allen）的资助和建筑师约翰·伍德（John Wood）父子的共同规划。在他们的努力下，巴斯采取了与英国其他大多数同时代城市零散分布风格迥然不同的城市格局，沿中轴线建成了和谐统一的城市整体，其规划方式、市内建筑及环境绿化等成为直至19世纪欧洲许多城市学习的对象。

巴斯的城区面积约为29平方千米，面积不大，却也十分紧凑，傅雷曾形容它为"精致而美丽的城市"。[1]巴斯古城以一座城市作为保护对象，被列入世界遗产名录，不仅是因为这里有古罗马城的遗址、中世纪和乔治亚时期的建筑，还有一个很重要的原因是整座巴斯古城最大化地保留了城市的历史信息和遗存，保持了其人文建筑环境和自然景观环境的和谐统一。这些都与巴斯市的遗产保护和管理机制有着密不可分的关系。

据巴斯及东北萨默塞特地方政府网站数据显示，巴斯古城以城区为中心，分布有各类不同的博物馆、遗迹和大小不一的园林。其中各类博

巴斯的罗马浴场 ©摄图网

---

[1] 刘娟、刘姗、苗清蛟：《文化维度下的英国约克和巴斯古城保护》，《工业建筑》2020年第4期。

物馆21个，这些博物馆基本是利用古建筑或遗址建设，以历史类博物馆为主，包括遗址博物馆、古建筑博物馆、宗教建筑博物馆、专题博物馆、人物博物馆及艺术博物馆等。其中最著名的罗马浴场（Roman Baths），曾经是巴斯历史上最具地标性的建筑，如今以博物馆的形式呈现在观众面前。罗马浴场博物馆的设计始终以文物为主体，以文化为主线，根据遗址与展示文物的特点，通过游览路线的精心设计、建筑材料的细心选择和灯光照明的有序布置，有意淡化了建筑本体，为观众提供了多种观察文物的角度，并从多层次揭示了馆内藏品的文化内涵。此外还有巴斯大教堂（Bath Abbey）及博物馆、服装博物馆（Fashion Museum）、巴斯邮政博物馆（Bath Postal Museum）、简·奥斯丁故居（Jane Austen Centre）、赫歇尔天文博物馆（Herschel Museum of Astronomy）、东亚艺术博物馆（Museum of East Asian Art）、荷本博物馆（Holburne Museum）、美国博物馆（American Museum）、巴斯建筑博物馆（Museum of Bath Architecture）等。[1]

巴斯古城的保护和管理，受多个组织和机构的制约：国家层面的保护机构，有英格兰遗产委员会（Historic England）、国际古迹遗址理事会英国国家委员会（ICOMOS UK）、国家信托（National Trust）等；当地政府层面，政府有独立的保护管理权；不仅如此，巴斯还成立了专门的巴斯世界文化遗产指导小组（Bath WHS Steering Group）；以及独立于政府之外的非政治团体，如巴斯和东北萨默塞特委员会（Bath & North East Somerset Council）。但从博物馆群的运作看，还是以社会力量为主，私人博物馆在博物馆群中占比较高。[2]

综观这些"博物馆城"或"博物馆之城"，它们的共同特点是历史悠久的文化名城，在一定区域内博物馆资源高度密集，形成了独具特色的博物馆文化，将博物馆作为区域的重要文化名片，并在世界范围内获得了广

---

1 巴斯及东北萨默塞特地方政府官网：https://beta.bathnes.gov.uk/museums-and-visitor-attractions，2022年8月10日访问。
2 傅玉兰：《巴斯古城的博物馆群——全城保护的世界文化遗产地》，《中国博物馆》2009年第4期。

泛的认同。所谓"博物馆之城"的区域概念，大都相对模糊，有的指一个相对集中的博物馆集群，有的指城市中某一特定的历史街区，有的则指整个城市。

"博物馆之城"概念引入中国之时，恰逢改革开放后中国城市化进程快速推进的时期，这一概念很快得到了一些城市的认同和响应，纷纷将建设"博物馆之城"作为城市的规划愿景。2005年，广东东莞率先提出了打造"博物馆之城"的口号，出台了《东莞市关于博物馆之城建设优惠政策的实施办法》《东莞市博物馆之城建设发展专项资金使用管理办法》《东莞市博物馆之城建设规划》等政策。

2006年，江苏扬州提出要用15年的时间，把扬州建设成"文化博览城"，并专门制定发布了《扬州文化博览城建设规划纲要（2006—2020）》，规划纲要中提出通过三个五年计划的实施，在市区建成100个左右门类齐全、内容丰富、向社会开放的文化博览场所，打造出一批能充分体现扬州地方文化特色的精品项目，形成扬州文化博览城的品牌。同年，四川成都提出要成为中国西部博物馆之城，并在大邑县安仁镇建设了成都安仁中国博物馆小镇；与此同时，浙江杭州也提出了环西湖建设"长三角博物馆城"的设想。

2008年，山东青岛提出了博物馆城建设规划，并总结归纳了博物馆建设的"10加1"模式，重点打造海洋文化、建筑文化、工业遗产、名人故居、乡村记忆、高校文化等十大博物馆群，形成政府主导、社会参与，国有和非国有博物馆协调发展、相互促进的良好局面。

2009年，昆明市政府与中华社会文化发展基金会签署协议，提出合作打造"中国博物馆之城"。根据协议，昆明市政府将提供优惠政策、资源支持，从2009年到2011年，由中华社会文化发展基金会筹集3亿元，通过利用现有文物资源打造各类博物馆，规划新建专题博物馆，改造提升现有的国有或非国有博物馆，形成博物馆集群效应，在数量和质量上基本达到"博物馆之城"的目标。同年，西安曲江新区宣布启动"博物馆之城"计划，并成立了"博物馆之城"工作领导小组和工作办公室。此后不久，西安市也提出了打造"博物馆之都"计划。2022年《西安市"十四五"文物事业发展规划》再次将推进"博物馆之城"建设作为重要内容，提出优化博物馆体系布局、夯实博物馆发展基础、提升公共文化服务效能、激发博物馆创新活力四项具体举措。其中包括深挖周、秦、汉、唐文化内涵，推进建设标志西安文明形象的周秦汉唐主题博物馆群。

2011年，湖北武汉将"博物馆之城"作为"文化五城"（读书之城、博物馆之城、艺术之城、设计创意之城、大学之城）建设的重要内容写入党代会报告，旨在增强城市的文化氛围，提高武汉品牌形象，打造深厚的城市内涵。

2016年，广东广州提出建设"博物馆之城"，由市人大颁布了《广州市博物馆规定》，并公布了统一设计的广州市博物馆标识，纳入路标、路牌、公共交通、地图等城市标识系统，全城通用。同年，江苏南京宣布启动打造"博物馆之城"的三年"123"计划：努力实现在全市建有100家各类博物馆，每年举办200场主题展览，吸引3000万人次参观。截至2018年底，南京全市纳入统计的博物馆数量从2015年的56座增长到了101座；免费开放的博物馆从40座增加到78座，新增免费开放博物馆的数量接近一倍；一年组织主题展览从181场增加到315场；全市博物馆人流量从2523万人次增长到3750万人次。对照"123"计划，2018年底南京已经提前完成了博物馆之城建设的指标，各类专题性博物馆快速增长，博物馆成了南京的"新网红"。

2018年，山西大同启动博物馆之城创建工作，力争用三年时间建成百座博物馆，形成类型齐全、多元多样的博物馆体系；同年，河南省委、省政府在《关于支持洛阳以开放为引领加快建设中原城市群副中心城市的若干意见》中，提出要把洛阳打造成"东方博物馆之都"，在建、续建18座博物馆，确保博物馆总数超过100座。为促进文旅融合发展，洛阳市还发布"博物馆之都游"精品线路，十条线路各具特色，内容丰富，涵盖了丝绸之路起点、大运河交汇点、万里茶道、大遗址、非遗传统技艺、豫西古建筑、红色旅游、峥嵘岁月工业游、河洛寻根、探宝寻秘等方面，可满足不同观众群体的需求。

2020年5月，北京市文物局、北京博物馆学会等机构就"博物馆之城"概念进行充分研讨，为北京打造"博物馆之城"做前期探索和铺垫，进一步深化"全国文化中心"的内涵。2021年"5·18"国际博物馆日中国主会场活动期间，国家文物局、北京市人民政府签署共建北京"博物馆之城"战略合作协议。北京积极打造"博物馆之城"，是新形势下首都文博事业发展的新目标，也是北京推进全国文化中心建设的重要内容和载体。北京市文物局相关领导表示，"博物馆之城"的打造，是适应了全面建成小康社会后，人民群众对更好精神文化需求的变化，希望通过"博物馆之城"的建设，让广大市民和游客能够感受无处不在的博物馆文化的魅力。

除此之外，还有上海市静安区、广东深圳、湖南长沙、河南郑州、山东济南、黑龙江绥芬河、内蒙古鄂尔多斯、广东佛山、浙江绍兴、河北唐山、广东潮州等地也都提出了建设博物馆之城的设想。

据不完全统计，截至目前全国已有26座城市先后提出了建设"博物馆之城"的目标或规划。经过一段时间的建设实践，"博物馆之城"的理念在许多地方已经深入人心，博物馆建设也取得了初步的成效。

二、定义定位辨析

与欧美国家自然形成的"博物馆城"不同，中国的"博物馆之城"往往由地方政府主导建设。立足当代中国语境，一个城市依托于某一产业或事业，提出"建设××之城"的口号，往往说明这一产业或事业在该城市中具有很高的密集度和较强的集聚效应，在城市经济社会发展和居民生产生活中具有举足轻重的影响力，在全国乃至世界范围内都能够成为被普遍认可的优势品牌和形象标志，具有一定的核心引领、辐射带动作用，在城市品牌形象宣传中形成了鲜明的特征。例如人们耳熟能详的"石油之城"大庆、"汽车之城"长春、"丝绸之城"杭州、"木雕之城"东阳等，都属于这一范畴。

按照这一理念，建设"博物馆之城"，需要在博物馆的藏品资源、机构数量、发展规模、建设质量、社会作用，特别是服务人口的数量比等方面，达到一定的标准或具备一定的规模。同时，博物馆在城市中形成良好的集聚效应，还要有博物馆品质及发展环境上的软实力支撑。对此，李耀申曾经在《热建"博物馆城"的冷思考》一文中提出了细化的标准和要求。[1]譬如，所有登记在册、建成开放的国有或非国有博物馆，均应具备一些基本的共性：一是要有一定的专项藏品体系和收藏规模；二是要有固定的场馆设施；三是要有常设陈列展览和长效的开放服务；四是要拥有稳定的运行保障和财力支撑；五是要拥有必要的专业技术及管理人员，以及尽可能强的研究能力和文化传播能力。又如，博物馆在城市中的集聚度，可由多少人口拥有一座博物馆来衡量。在我国人口大国的国情之下建设"博物馆城"，博物馆服务人口的数量比至少要达到每10万人或者更少就能拥有一座博物馆的水准。

综上所述，当代中国语境下的"博物馆之城"是在改革开放以来，特别是进入21世纪以来提出的一种城市建设新理念。其建设范围往往是城市整体，建设计划需要与城市总体规划、详细规划、重点功能区规划相互衔接，建设进程与城市建设发展同步推进，建设目标则是增加博物馆数量、提升博物馆质量、完善博物馆体系、提高博物馆在城市经济社会发展和居民生产生活中的影响力水平。

三、发展趋势展望

1977年，国际建筑师协会（UIA）在秘鲁召开会议，并在马丘比丘山古文化遗址签署了著名的《马丘比丘宪章》，提出在城市发展规划过程中"追求文化、精神上的东西，即人与人、人与社会、人与自然的紧密结合，关注人文内容的表达和追求，使科学、技术、规划更加智能化和人性化，从城市发展史的角度看问题，突出文化在城市发展中的重要位置"[2]。对此，美国学者刘易斯·芒福德（Lewis Mumford）更进一步指出，文化

---

1 李耀申：《热建"博物馆城"的冷思考》，《中国文物报》2017年10月3日。
2 姚子刚：《城市复兴的文化创意策略》，东南大学出版社，2016年。

是最重要的城市功能,把"文化储存、文化传播和交流、文化创造和发展"称为"城市的三项最基本功能",并认为"文化既是城市发生的原始机制,同时也是城市发展的最后目的"。[1]当前,博物馆已经成为文化领域发展最快的系统,具有明显的综合效益。同时,作为城市独特的文化设施,博物馆每年接待来自世界各地数以亿计的观众,对于社会就业和经济发展的贡献不可轻视。可以说,博物馆是城市现代化的必要内容,是城市可持续发展的基础环节,也是衡量城市综合竞争力的关键指标。[2]

回顾中国"博物馆之城"的建设发展历程,我们发现:"博物馆之城"的理念伴随着大规模城市化建设的脚步而兴起,最早由中小型城市提出,作为城市特色化发展的新锐标签;随着新城新区建设的持续推进,许多大型城市纷纷加入,利用博物馆这一重要的文化元素,推动从"功能城市"到"文化城市"的转型;当前,城市更新运动正在大规模兴起,许多超大型城市也相继提出了自己的"博物馆之城"建设规划,将博物馆建设与传统文化保护、历史建筑活化利用、旧城区改造、新兴城市建设相融合,不断提升城市的文化水平和软实力。"博物馆之城"建设正在成为文化导向城市更新中的重要方向。[3]

---

[1] 陈慰、巫志南:《从功能城市到文化城市:"欧洲文化之都"公共文化建设研究》,《山东大学学报(哲学社会科学版)》2017年第9期。
[2] 单霁翔:《博物馆的社会责任与城市文化》,《中原文物》2011年第2期。
[3] 谢涤湘、褚文华:《城市更新背景下的博物馆发展策略研究》,《城市观察》2014年第4期。

第三章　博物馆之城建设的主要方面

美国著名诗人、思想家爱默生（Ralph Waldo Emerson）曾经说过：城市是靠记忆而存在的。博物馆是贮存城市记忆的容器，在城市文化系统中扮演着不可替代的重要角色。作为城市文化资产，博物馆代表了城市的形象和文化品牌；作为城市文化生产机制，博物馆主动参与和催化城市文化构建；作为市民生活方式，博物馆传承着城市的文化传统和社会风俗。[1]文化生态是城市环境的重要组成部分，一座城市的文化生态系统犹如自然生态系统一样，由各种不同形态的文化空间、文化产品、文化元素共同构成，从街巷到建筑，从雕塑到文物，从戏剧到饮食，从文化遗产到非物质文化遗产，就像生态系统中的乔木、灌木、动物、昆虫一样，都为维护生态的正常运转发挥着必要的作用。建设一座真正的"博物馆之城"，不仅要在城市中建设足够多的博物馆，更需要把博物馆机构、博物馆功能、博物馆文化融入城市文化生态系统的各个层面，以潜移默化的形式进入市民的生活和精神世界。

一、建设博物馆生态林

城市文化生态中的博物馆体系犹如自然环境中的森林一样，其覆盖程度、生长状况都代表了城市文化的发展水平，建设"博物馆之城"的首要任务就是要建设博物馆体系这片"生态林"。数量丰富、分布密集、品类多样、层次分明的城市博物馆体系，是"博物馆之城"的基础和主体。

---

1 张子康、罗怡、李海若：《文化造城——当代博物馆与文化创意产业及城市发展》，广西师范大学出版社，2011年。

成都博物馆外景

  数量丰富是"博物馆之城"体系的首要特点。纵观国内主要的"博物馆之城"，首先要拥有一定数量的博物馆机构，截至2021年，北京市已拥有204座经过文物部门备案的各类博物馆，西安市拥有126座，成都市拥有115座，青岛市拥有102座。

  分布密集主要是相对人口数量而言。根据2020年度数据分析，青岛、西安、洛阳、北京四座城市均达到或接近每10万人拥有一座博物馆，无锡、宁波、大同、南京也都达到了每15万人拥有一座博物馆，大大超过了全国平均水平。

  品类多样包含了内容题材和机构属性两个方面。在内容题材方面，"博物馆之城"的博物馆要紧密依托城市文化特色，实现历史、艺术、自然科学、考古遗址、古建遗迹、革命纪念等各大博物馆门类均衡发展，形成完整的博物馆知识传播体系，讲好城市故事；在机构属性方面，国有博物馆、非国有博物馆均衡发展，互为补充，让社会力量成为推动城市博物馆体系建设的重要力量，例如在青岛、洛阳、深圳、成都等一些城市，非国有博物馆在全市博物馆总数中的占比已超过60%。

层次分明则是要求不同层次的博物馆在城市中均衡发展，坚持因地制宜、因馆施策，针对不同规模、层级的博物馆，制定差异化的扶持政策。既要建设代表世界水平的大型地标式博物馆，也要发展中小型的专题博物馆、遗址博物馆、行业博物馆、高校博物馆，更要培育根植于社区、乡村、企业之中的"类博物馆"，让"大馆做强、小馆建优、微馆盘活"[1]，成为乔木、灌木共生共荣，错落有致、差异发展的"博物馆生态林"。

二、建强博物馆功能树

博物馆是保护和传承人类文明的重要殿堂，是连接过去、现在、未来的桥梁，在促进世界文明交流互鉴方面具有特殊作用。博物馆通过对一座城市文化遗产的收集整理、研究，将城市文化的精华展示出来，并呈现出文化发展的历史脉络，那些看似遥远的历史，其实是今天城市文化发展的根基。有学者把博物馆形象地比喻为一棵大树，"那么，体制是干，管理是枝，业务是叶，文化是根，而社会环境，则是它的土壤"[2]。建设"博物馆之城"，不仅要追求博物馆数量的增长，更要让博物馆功能得到良好发挥，不断提升博物馆的专业化水平，特别是不断夯实博物馆的征集、保护、研究等基础业务功能，并将其纳入城市文化建设的整体计划之中，成为支撑城市公共文化服务体系的"博物馆功能树"。

一是要加强博物馆的收藏功能。要立足城市文化资源特点，引导各类博物馆树立专业化收藏理念，不断丰富藏品的种类和数量，特别关注对党史、新中国史、改革开放史、社会主义发展史相关藏品和经济社会发展变迁物证的征藏工作，秉承"为明天收藏今天"的收藏理念，凝固

---

[1] 陈名杰：《奋力谱写北京博物馆之城建设新篇章》，《中国文物报》2021年6月22日第3版。
[2] 单霁翔：《博物馆的社会责任与城市文化》，《中原文物》2011年第2期。

陕西历史博物馆的壁画修复

城市记忆，留住乡情乡愁，不断夯实博物馆事业发展的物质基础。同时，避免出现"挂牌馆""空壳馆"现象。

二是要强化博物馆藏品保护功能。要遵循文物保护工作的特点规律，加大要素投入力度，优化资源配置，全面加强馆藏文物预防性保护，完善博物馆文物保护设施配备，对濒危馆藏珍贵文物实现"应修尽修、应保尽保"，寓科学研究于保护修复全过程，建设城市文物医院和区域性文物保护中心，为城域内博物馆提供集约化的藏品保管、保护、修复技术服务，提高城域内博物馆文物保护修复工作的整体水平。

三是要推动研究型博物馆建设。要将科研能力作为"博物馆之城"的核心能力，推动大中型博物馆设立研究院、研究所、研发中心、科研基地、实验室等专业科研机构，支持有条件的博物馆建设重点科研基地、重点实验室，将具备条件的博物馆纳入科研事业单位序列，探索建立"博学研"协同创新机制，建设具有优秀科研能力和业务水平的博物馆创新团队，重点攻关制约博物馆事业发展的关键问题。除此之外，还可通过博物馆评估等机制，积极推动博物馆办馆质量的整体提升。国家一、二、三级博物馆在博物馆总量中的占比，也是衡量城市博物馆发展水平重要的"晴雨表"。北京拥有18座国家一级博物馆，居全国各大城市之首；广州、青岛、南京拥有的国家一、二、三级博物馆在全市博物馆总量中的占比也均超过30%，值得其他城市在"博物馆之城"建设进程中学习参考。

三、建构博物馆产品链

博物馆是人类文明之花，是一个国家、一个城市社会文明程度的标志。博物馆依托收藏、研究资源精心研发的陈列展览、教育活动、文创产品、数字应用等多样化的文化产品，是博物馆文化的重要代表，在传承历史文化、促进社会进步、加强公共文化服务、提高公众科学文化素养等方面都具有重要作用。截至"十三五"末，我国博物馆年均举办陈列展览近3万个，举办各类教育活动30多万场（次），接待观众超过12亿人次。仅2020年新冠疫情期间，全国博物馆推出的线上展示传播类数字应用产品就达2000余个，总浏览量近50亿人次。建设"博物馆之城"既要有高水平的博物馆，更要有高水平的博物馆文化产品，要统筹利用博物馆资源和社会力量，形成动能强大、创意精彩、传输高效的博物馆产品生产体系和供给链条，由博物馆生发，注入城市文化的方方面面，融入城市空间，走进市民生活。

在展览产品方面，将策展能力作为博物馆的核心竞争力进行重点培育，通过政府主导、财政支持、馆际协作、社会参与等形式，充分挖掘城市文化资源优势，构建特色展陈体系。优化展览策划制作流程，培育一批独立策展人和第三方专业策展机构，吸引社会力量参与展览创作，支持博物馆联合办展、巡回展览、流动展览、网上展示，加大对优质原创展览、引进展览和国际交流展览的奖励、推介力度，保证展览产品数量与影视、演艺、出版等各类文化产品数量增长水平相协调。让更多的优秀展览产品获得公众的了解、欣赏、认可，让"博物馆之城"首先成为"展览之城"。

在教育活动方面,要结合"双减"政策落实落地,进一步强化博物馆教育功能,制定博物馆教育服务地方标准,丰富博物馆教育课程、活动体系,建立"博物馆之城"教育课程、活动项目库。加强博物馆与学校之间的交流协作,建立博物馆资源进校园常态化机制,支持城域范围内大中小学利用博物馆开展研学实践和科普活动,有序引导校外教育机构参与博物馆教育活动,不断提高博物馆资源在"博物馆之城"全域各类学校和教育机构教学活动中的应用水平。

在文创产品研发方面,要进一步拓宽馆藏文物向文创产品、服务设计开发转化的路径,坚持创造性转化和创新性发展。支持博物馆开展著作权、商标权授权,吸引社会力量参与文创产品开发,不断拓展完善文博文创产品营销体系;支持博物馆文创产品进入重要旅游景区、公共文化空间、商业综合体、大型实体书店、机场车站等。依托大型文化活动、庙会等开设博物馆集市,从而更好地发挥博物馆文创产品的文化传播功能。

山西博物院文创产品

在数字应用开发方面，要大力发展智慧博物馆，加强5G、虚拟现实（Virtual Reality，简称VR）、大数据、人工智能（Artificial Intelligence，简称AI）技术在博物馆的应用。建立城市一体化智慧博物馆平台，与"城市大脑"等智慧城市主体平台相衔接，逐步实现智慧服务、智慧保护、智慧管理。加强同主流互联网平台和相关科技文化企业合作，创新传播模式，推出一批"云展览""云直播""云讲座"等数字文化产品，促进文物信息资源对市场主体及社会公众开放共享，打造一批具有城市特色、融合现代元素的博物馆数字文化知识产权（Intellectual Property，简称IP）。

四、建立博物馆协作体

"博物馆之城"不是单纯的博物馆建设，而是要实现博物馆与城市文化、城市建设、城市经济等方面的协调发展。实现不同属性、不同类型、不同层次博物馆之间的协调发展，构建博物馆与城市、社会、博物馆之间的协同发展机制，不断加强博物馆与城市中的其他社会主体之间的交流协作，逐步提升博物馆的社会动员能力。持续加大博物馆在经济社会运行发展进程中的参与度，在城市范围内普遍形成全社会支持博物馆建设、博物馆推动社会发展的良性互动关系，努力形成一个以博物馆为圆心的多层次、多结构、多要素、多目标的"博物馆协作体"。

一是要不断加强博物馆之间的交流协作。按照制度、人才、藏品、资源和服务"五个打通"的总体要求，加强和完善馆际交流、馆际协作机制；发挥博物馆行业组织的联络、管理功能，在博物馆之间开展定期性协商对话；建设博物馆资源供需对接数据库，推动资源在各类博物馆之间流动；积极开展联合培训、交流研讨、联合策展等人才交流活动；建立大小博物馆之间的结对帮扶关系，探索推进博物馆"总分馆制"管理机制，推动大型博物馆为小型博物馆提供人才、资源、服务方面的支持。

二是要持续强化博物馆社会动员能力。加强博物馆志愿者队伍建设，组建一支组成多元、专业多样的"博物馆之城"志愿者组织；协调联动，为城市范围内的各博物馆提供服务保障；探索建立跨馆际的博物馆之友组织，多馆联合招募会员并引导会员参与各博物馆公益文化服务。

三是要积极推动建立多元化的博物馆经费保障机制。设立"博物馆之城"建设专项资金，加大财政投入力度，做好项目库建设，促进项目动态化管理；推动艺术基金、文化产业基金等财政性基金投入博物馆事业；建立"博物馆之城"基金会或专项基金，鼓励社会资本资助"博物馆之城"建设。

四是要切实加大人才培养力度。以能力素质建设为核心，重点培养和建设文博高层次领军人才、复合管理人才、专业技术人才、高技能人才四支队伍；与高等院校、科研院所合作，加强博物馆学人才教育，完善博物馆学学科课程体系。

五是要鼓励引导社会力量参与博物馆建设。分类推进国有博物馆、非国有博物馆理事会制度建设，建立健全权责对等、运转协调的决策执行或监督咨询机制；改革博物馆运营机制，鼓励社会力量参与展览、教育策划和文创开发；在不改变藏品权属、确保安全的前提下，尝试将部分缺乏管理能力的小型博物馆交给具有较强管理能力、能够承担相应管理风险的法人机构有偿管理，通过博物馆托管的方式，促进行业内部对博物馆各种资源要素的优化以及合理有效配置，提高资源利用率；探索培育专业博物馆运营集团，实现对博物馆服务资源的集约化运营。

五、建成博物馆文化圈

加拿大作家富尔福德（R. Fulford）曾说过："我们用两种方式来构建城市：一种是用水泥，另一种是用想象。"[1]西班牙毕尔巴鄂古根海姆博物馆（Guggenheim Museum）的成功经验也是通过博物馆振兴城市的典型案例。21世纪的人类文明主要是城市文明。当代中国城市发展的可持续性，既取决于人们对于民族国家文化认识的高度，又取决于对

---

[1] ［加］丽塔·戴维斯：《多伦多的人文节：一个项目的故事》，《国际博物馆》2006年第2期。

文化遗产发掘的深度。[1]根据英国牛津大学与美国博物馆联盟（American Alliance of Museums）联合发布的研究报告《作为经济引擎的博物馆》[2]，2016年美国境内博物馆带动扶持了72.6万个工作岗位，直接雇佣了37.21万人次，对国内生产总值的贡献超过500亿美元，为联邦政府、州政府和地方政府创造税收超过120亿美元；报告还显示，博物馆对美国经济的贡献远超预期，公众对博物馆的支持超越了政治背景和地理位置的限制。

建设"博物馆之城"的终极目标，就是将博物馆与城市融为一体，让博物馆成为城市的IP，带动城市的文化、旅游、科技、商业、教育等众多产业发展，将博物馆规划与城市规划相衔接，统筹空间布局与产业规划，规划以博物馆为圆心的文化生活圈，塑造城市的核心文化区，推动提升文化软实力。

一是统筹规划博物馆聚集区。在城市规划师的眼中，现代城市的实体建筑不再具备传统城市"围合空间"的能力，体现出"肌理的困境"和"实体的危机"。要解决这一问题，就需要在城市规划设计中充分利用包括博物馆在内的各种类型的文化象征、文化符号构建"文化空间"[3]。"博物馆街区""博物馆聚落""博物馆群""博物馆小镇""博物馆之堤""博物馆岛"等各类博物馆聚集区正是"文化空间"的重要类型。从2009年建成的成都安仁中国博物馆小镇到规划中的北京南中轴博物馆群，博物馆聚集区的理念近年来在我国城市规划领域逐渐得到认可。在当代中国语境下建设"博物馆之城"，应当依托城市功能布局，统筹规划博物馆聚集区建设。具体而言，可以探索在旧城风貌保护区利用腾退文物建筑、工业遗产、空置厂房等闲置空间及城市综合体构建博物馆街区；在乡村地区，依托历史文化名村镇、传统村落和

---

1 傅才武：《文化空间营造：突破城市主题文化与多元文化生态环境的"悖论"》，《山东社会科学》2021年第2期。
2 *Museums as Economic Engines*，https://www.aam-us.org/2018/01/19/museums-as-economic-engines/，2022年3月10日访问。
3 ［美］柯林·罗、弗瑞德·科特著，童明译：《拼贴城市》，中国建筑工业出版社，2003年。

其他博物馆资源富集的村镇建设一批博物馆小镇；依托拥有文博资源优势的城市公园、旅游景区、文化产业园区规划建设一批博物馆公园等，推动实现城市博物馆资源的聚集效应。

二是推动建设博物馆商圈。依托部分城市中心区的重点博物馆文化资源，下沉赋能城市商业发展，实现博物馆与周边地区旅游景点、商业设施统筹规划，融合发展，着力培育一批特色"博物馆商圈"；加强历史文化资源活化利用，推动博物馆展示、教育资源外溢到周边商业空间，建立快闪博物馆、流动小课堂、文创体验中心等；着重发展演艺、影视、IP运营、电竞、在线直播、沉浸体验、剧本游戏等特色文化产业，推动实现博物馆与旅游、商业融合发展，着力培育城市文化新空间和文化消费新业态。

三是着力打造"博物馆之城"品牌。设计发布"博物馆之城"品牌标识体系，纳入城市符号系统，在城市全域内统一推广；制订"博物馆之城"传播计划，发挥政府和市场作用，用好传统媒体和新兴媒体，推出博物馆题材的综艺节目、纪录片、在线直播活动等传媒产品，广泛传播"博物馆之城"品牌和博物馆所蕴含的文化精髓与时代价值，吸引更多社会力量关注博物馆、支持博物馆。

四是搭建国际交流平台。坚持交流互鉴，充分发挥博物馆在促进民心相通、提升城市文化软实力方面的积极作用，合理利用博物馆资源打造"城市会客厅"；深入挖掘中华优秀传统文化精髓，弘扬中华文化蕴含的人类共同价值；打造一批用国际表达讲述中国故事的国际交流展览品牌，积极参与国际博物馆领域文化交流活动，发挥"博物馆之城"的城市IP作用，为城市树立良好的国际形象。

第四章　博物馆之城建设的基本路径

城市是人类的智慧创造，是人类文明的鲜明标志，是人类活动的重要区域。[1]博物馆是城市文明的重要产物，苏东海先生提出，城市建设与文化遗产保护之间是一种对抗性的"逆关系"，而城市建设与博物馆发展是一种和谐的"顺关系"。[2]伴随着城市化进程的不断加快，博物馆已经成为现代城市的必要内容、城市可持续发展的基础环节，以及衡量城市综合竞争力的关键指标。现代社会的城市文明程度不是以这个城市有多少商店、多少宾馆、多少高楼大厦来衡量的，而是以这个城市拥有的博物馆、图书馆、美术馆的规模和数量来衡量。[3]一座城市的博物馆群是城市文明的载体，反映出城市文化发展的整体水平，是城市文化竞争力的重要体现。[4]

当前，我国正在进入城镇化较快发展的中后期。全国80%以上的经济总量产生于城市，50%以上的人口生活在城市，今后还将有大量人口不断进入城市，城市人口将逐步达到70%左右。[5]走出一条中国特色城市发展道路，关键是要统筹改革、科技、文化三大动力，提高城市发展持续性。建设"博物馆之城"正是建构城市文化、打造城市精神的重要方面，是推动"功能城市"向"文化城市"转变的重要手段，是新时代城市建设、发展、治理的创新举措。建设"博物馆之城"是一项系统工

---

1 人民日报社论：《让城市和谐宜居更美好》，《人民日报》2015年12月22日第1版。
2 苏东海：《城市文化遗产与城市博物馆关系的研究》，《中国博物馆》2007年第3期。
3 单霁翔：《从"功能城市"走向"文化城市"》，天津大学出版社，2007年。
4 李耀申、李晨：《博物馆："文化湿地"与"城市之肾"》，《中国博物馆》2018年第3期。
5 任旻：《要打造有中国特色的宜居城市》，《中国建设报》2016年2月4日。

程，要顺应城市工作新形势、改革发展新要求、人民群众新期待，坚持统筹总揽、规划先行、协同创新、社会共享的路径与模式，在统筹上下功夫，在规划上做文章，在协同上求突破，在共享上促发展。

一、凝聚各方力量，做好顶层设计

建设"博物馆之城"是一项覆盖城市全域的系统工程，需要汇集包括政府、行业组织、博物馆、企业、民众、专家学者等市域内外各方力量协同合作，还需要付出长时间的努力和大体量的资源，才能够实现良好的效果。为了确保"博物馆之城"建设进程的有序进行，确保建设工作的有序进行，建设伊始的首要任务，就是要凝聚各方力量，统筹规划布局，做好顶层设计，科学设定"博物馆之城"建设的时间表和路线图。

（一）统筹总揽

要把"博物馆之城"的建设作为一项全民支持、共建共享的社会事业，建立健全党委总揽、政府主导、部门协同、社会参与的体制机制，针对"博物馆之城"建设设立联席会议工作机制，统筹协调"博物馆之城"建设工作中的顶层设计重大问题，指导关于博物馆体制机制、合作模式、宣传方式等的创新工作；提供决策建议，协调发展改革、财政、民政、科技、教育、文化旅游、交通、环保等有关部门，根据各自职责，出台有关政策措施；推动制定颁布博物馆行业管理的地方性法规，编制发布相关国家、行业和地方标准，构建法规文件与专业标准相辅相成的"博物馆之城"制度体系。在这方面，早在2009年西安曲江新区就宣布成立了"博物馆之城"工作领导小组和工作办公室；[1]北京市在2022年也宣布成立"博物馆之城"专项工作组。[2]

---

[1] 庞博：《西安曲江新区将建中国"博物馆城"》，《中国文物报》2009年4月10日第2版。

[2] 余翠平：《北京历史文化保护专场新闻发布会》，《劳动午报》2022年2月14日第5版。

（二）规划先行

坚持"一张蓝图绘到底"，根除领导更迭、人走政息的痼疾，将建设"博物馆之城"纳入地方经济社会发展规划和城市总体规划，在深入研究城市文化资源、文物资源、文博资源的特点、特色、特性的基础上，与城市重点功能区布局规划、重点产业发展规划、城市更新行动规划、历史文化名城保护规划相互衔接。编制"博物馆之城"建设发展的中长期规划，融汇新理念体系、新任务体系、新目标体系作为规划的灵魂和骨架，分门别类设立一系列阶段性工作标准和任务指标。制定"博物馆之城"建设时间表，描绘路线图，明确任务书，对包括人文和自然遗产在内的城市资源和需求在贯通历史、现在与未来的视野下进行系统研究，全盘谋划，分类施策，让各类博物馆建设工作分步实施，有序推进，将城市遗产的博物馆化作为综合性公共事业和城市可持续发展的重要突破口。

我国最早编制"博物馆之城"建设规划的是江苏扬州，早在2006年就专门制定发布了《扬州文化博览城建设规划纲要（2006—2020）》；2016年，广东广州将打造"博物馆之城"列入"十三五"规划，与城市发展同步推进；2019年，陕西西安编制发布了《西安博物馆之城建设总体方案（2019—2021年）》；2021年，广东佛山委托同济大学建筑设计研究院、中山大学共同编制了一部立足于"空间+事业"角度的《佛山市博物馆之城规划》，提出建设"两核两轴一带多群"的"博物馆之城"。目前，北京市也正在积极推动编制《北京博物馆之城建设发展规划》，并明确提出：依据地域特色，因地制宜，推动建设博物馆集聚区，真正做到大馆做强、小馆建优、微馆盘活，聚焦博物馆质量提升，把博物馆之城建设纳入全国文化中心建设的重要议事日程，抓紧抓实，抓出成效。[1]

（三）协同创新

积极引入社会力量，充分利用市场化手段，支持各类市场主体应用博物馆资源，运用博物馆资源整合各类市场要素，促进社会力量参与博物馆

---

[1] 陈名杰：《奋力谱写北京博物馆之城建设新篇章》，《中国文物报》2021年6月22日第3版。

建设、运营，推动非国有博物馆和"类博物馆"文化空间建设发展，吸引社会力量共建、共管博物馆，努力推动"私家珍藏"走向"社会共享"。加快推进博物馆领域科技创新，运用现代科技手段，借助各线上平台创新传播模式，着力推出"云展览""云直播""云论坛""云讲座"等。推进博物馆走基层、进学校，打造"线上+线下""馆内+馆外"的博物馆传播体系。搭建文创产业合作平台，探索多渠道运营模式。在吸引社会力量、推动协同创新方面，成都市的做法可圈可点。近十年来，成都市不断完善优化博物馆支持政策，建设博物馆资金项目库，在全国率先将非国有博物馆免费开放服务纳入公共服务体系并予以财政预算支持，目前每年对非国有博物馆的扶持资金稳定在1300万元以上；基于城市空间相对有限和广大受众相对分散等因素，对博物馆事业发展在统一规划的基础上，实行了集群与分散相结合的建设方法，分别在市郊的大邑县安仁镇、龙泉驿区洛带镇和都江堰市青城山镇建成三个非国有博物馆发展聚落，集聚了数十家非国有博物馆。

（四）社会共享

博物馆之城建设关键在于提升社会各界对城市遗产和博物馆与城市发展关系的深刻认识，引导各类遗产资源主体的社会共享与博物馆建设热情。要坚持开放共享原则，营造开放包容的发展环境，通过互联网传播、社会参与、跨界合作等方式，吸引更多社会力量关注博物馆、支持博物馆，参与博物馆之城的创建。大力营造有利于博物馆发展的公序良俗和社会氛围，包括提升博物馆的资源基础、专业品质和服务能力，使博物馆在城市生活中发挥不可替代的作用、成为城市品位的象征，在广大民众中普及博物馆文化、增强博物馆意识和文明素养等。大力实施"博物馆+"战略，找准博物馆与教育医疗、科技创新、旅游商业、传媒设计、城市规划等生活生产的契合点，倾听大众与小众的不同需求，促进博物馆与社会各界跨界融合。

二、依托城市更新，加强博物馆建设

城市更新这一概念最早由西方国家提出。由于城市的发展存在一定的生命周期，一旦城市某些建筑、街区的功能及环境不能适应城市总体发展，就需要进行局部的更新改造。第二次世界大战结束后，许多西方国家原有的城市街区毁于战火，为了振兴经济、恢复生产，纷纷开启了城市更新的进程。1958年8月，第一次城市更新研究会在荷兰海牙召开，会议指出："生活于都市的人，对于自己所住的建筑物，周围的环境或通勤、通学、购物、游乐及其他的生活，有各种不同的希望与不满，对于他们所居之所的修缮改造，对街道、绿地、公园、居住环境不佳等环境的改善有及早实施的要求，特别是希望城市土地利用形态或地域制度能够得到完善、能够营造舒适生活环境和良好市容等，以上一切对于都市的改善就是城市更新。"这是目前所见的关于城市更新最早、最权威的定义。[1]

在工业时代，城市更新更加注重城市卫生改善和美化，以修复战争对城市的创伤和清除贫民窟作为主要目标，具体方法往往是大规模的拆旧建新。进入后工业时代，城市更新开始进入谨慎的、渐进式的、以社区邻里更新为主的小规模再开发阶段。[2] "可持续发展"和"有机更新"开始成为城市更新的主题，现代城市"文化空间"理论得到城市规划界的普遍认可，人们开始探索在城市规划设计中充分利用包括文化遗产和博物馆在内的各类文化象征和文化符号，建立一个体现城市文化多样性的城市文化系统。文化导向城市更新的理论正是在这种背景下应运而生。它倡导在保障城市规划建设的同时，加大对公共艺术的建设，以博物馆、美术馆、画廊、文化中心等公共艺术空间为载体，通过丰富多彩的公共艺术活动，促进城市文化的多样化与协调发展，推动经济增长和街区振兴，进而实现城市的可持续发展。澳大利亚前总理保罗·约翰·基廷（Paul John Keating）曾经指出：在全球化背景下，文化导向城市更新可以赋予城市一个独特的

---

[1] 于今：《城市更新：城市发展的新里程》，国家行政学院出版社，2011年。
[2] 刘伯霞、刘杰、王田、程婷：《国外城市更新理论与实践及其启示》，《中国名城》2022年第1期。

品牌形象。通过提升城市地位和吸引外界投资来促进其经济竞争力。与此同时，它对民众有一定的心理效应，能够帮助建立民众的文化认同和自豪感。[1]

博物馆是城市化的产物，是城市文明之花，是城市重要的文化资产，是城市文化生产机制，是城市文化战略发展要素，在文化导向城市更新的进程中扮演着不可替代的重要角色。在现代城市中，丰富多彩的文化无处不在，既存在于居住环境，也存在于工作场所，更存在于城市公共空间，其中所蕴含的文化价值观会影响不同社会阶层的消费行为、居住模式、政治活动等，进而影响城市与地区的发展。但是，要让人们感知城市文化的存在往往需要一定的设施加以触发，正如音乐厅、画廊、咖啡馆能给人们营造出浓郁的城市艺术氛围，而田园、古镇、茶舍则会触发人们对于乡村文化的向往，这种具有触媒作用的文化设施，在西方学者的视角中被称为文化舒适物。文化舒适物是一种可以让人们感到舒适、愉悦和美好的事物或服务，它可以触发愉悦消费（文化艺术消费）实践，提升市民的文化认同，进而提升城市的黏性，驱动城市发展。[2]文化导向城市更新的重要内容之一就是创造和发展文化舒适物，而博物馆则是文化舒适物的重要内容之一。

德国政治经济学家马克斯·韦伯（Max Weber）把现代城市分为商人城市、生产型城市和消费型城市。[3]进入后工业化时期，大城市的兴衰往往取决于消费而不是生产，当代城市生活强调愉悦体验，作为文化舒适物的博物馆，在消费城市的更新转型中，通过其特有的文化场景作用，可以转化成一个提供大量消费机会和独特消费体验的战略性资源，承担起促进经济增长、提高城市竞争力的重要作用。归纳起来，这种作用包括以下三个方面：

---

1 王琦、郑春晖：《文化引导型城市更新：英国中型城市的博物馆发展——以诺丁汉"中国恐龙：从撼地巨人到飞羽精灵"展览为例》，《城市住宅》2017年第9期。
2 陈波、林馨雨：《中国城市文化场景的模式与特征分析——基于31个城市文化舒适物的实证研究》，《中国软科学》2020年第11期。
3 ［德］马克斯·韦伯著，阎克文译：《城市：非正当性支配》，江苏教育出版社，2014年。

（一）建构文化地标，阐释城市精神

德国历史学家奥斯瓦尔德·斯宾格勒（Oswald Arnold Gottfried Spengler）曾经说过："将一座城市和一座乡村区别开来的不是它的范围和尺度，而是它与生俱来的城市精神。"2015年召开的中央城市工作会议也明确提出："城市要结合自己的历史传承、区域文化、时代要求，打造自己的城市精神。"联合国教科文组织在全球创意城市网络（Creative Cities Network）的评价中，倡导城市治理应当围绕"城市精神"开展艺术营造，更新城市文化空间，唤醒市民艺术创造力，塑造城市艺术形象。据了解，联合国教科文组织于2004年创立了全球创意城市网络，设有文学之都、电影之都、音乐之都、手工艺和民间艺术之都、设计之都、媒体艺术之都、美食之都七种称号，旨在促进城市间的国际合作，鼓励成员城市之间互相交流经验、互相支持，建立伙伴关系。截至2020年，共有来自80余个国家和地区的246个成员城市加入，中国共有16个城市加入该网络，包括："设计之都"——深圳（2008年）、上海（2010年）、北京（2012年）、武汉（2017年）；"手工艺和民间艺术之都"——杭州（2012年）、景德镇（2014年）、苏州（2014年）、潍坊（2021年）；"美食之都"——成都（2010年）、顺德（2014年）、澳门（2017年）、扬州（2019年）、淮安（2021年）；"电影之都"——青岛（2017年）；"媒体艺术之都"——长沙（2017年）；"文学之都"——南京（2019年）。[1]

作为城市重要的公共文化空间，一个城市的"城市精神"就发轫和蕴藏于博物馆收藏的文物、举办的展览、传播的文化元素之中，博物馆理应参与城市精神的叙事。在城市更新进程中，依托城市的文化底色，在重要的文化区域，通过不同类型博物馆的建设与改造，建构城市文化地标，利用建筑、空间、展陈、展品等多种元素，构建基于城市故事、城市文化、城市精神的独特的思想阐释与诠释方法。让博物馆成为城市精神的叙事主体，充分利用博物馆作为文化舒适物的特质，创造出既能向世界展示城市文化，又能满足城市居民文化生活需求的独特城市文化

---

[1] 详见https://en.unesco.org/creative-cities/creative-cities-map，2022年6月27日访问。

标识，这既是城市更新的有效方式，也是以博物馆创造美好城市生活的良好范式。

（二）搭建文化场景，展现城市文化

在当前文化导向城市更新的话语体系中，美国新芝加哥学派城市研究团队提出的文化场景理论正在受到全世界学者的关注和热议。在这一理论体系中，文化场景（Scenes）特指一定区域内蕴含特定价值观的文化设施、娱乐设施、生活设施的组合体，其在传统的物理空间基础上，加入了文化和美学要素，使场景成为承载文化价值、突出文化品质、彰显文化特色的社会空间。[1]美国社会学家特里·尼科尔斯·克拉克（Terry Nichols Clark）认为文化场景代表着一个地方的整体文化风格或美学特征，是提升城市文化吸引力的一套学术语法体系，可以视作城市的一种软实力，是城市发展的新舵手，是城市更新与转型的驱动力。[2]博物馆、美术馆、纪念馆作为不同类型城市文化的重要载体，在其形成、迁徙、发展的历程中往往与街区、乡村，以及周边的娱乐设施、生活设施形成有机的组合，构成了城市场景的雏形。在城市更新进程中，充分发挥博物馆作为文化中枢的特殊功能，推动同类关联的博物馆合理布局、形成集群，运用场景融入与区域缝合的有机保护方式，将其与历史建筑、园林景观、街巷胡同、村镇市集等原生环境设施交互融合，与商铺、酒店、民宿、商业综合体等配套设施汇集重组，打破文化空间与城市空间的界限，消融集群与社群之间的隔阂，加速文化产业与文化消费之间的流通，构建"博物馆街区""博物馆小镇""博物馆公园""博物馆商圈"，复兴传统、融合业态、营造生态、创造生活，形成以博物馆为枢纽的特色城市文化场景，打造文化导向城市更新的全新界面，驱动实现城市新旧动能转换和转型升级。

---

[1] 齐骥：《城市文化更新：如何焕发城市魅力》，知识产权出版社，2021年。
[2] ［加］丹尼尔·亚伦·西尔、［美］特里·尼科尔斯·克拉克：《场景：空间品质如何塑造社会生活》，社会科学文献出版社，2019年。

（三）培育文化创意，赋能城市发展

所谓"文化创意"，就是来源于人们日常生活中的"点子""主意""想法"，是人类生活中重要的智慧产出。密集、复杂和高质量的文化创意活动，必然发生在人口稠密、文化多样的城市之中，现代城市可以为文化创意产业发展提供巨大的需求和培育条件。鉴于此，近年来许多世界级大型、超大型城市都将文化创意产业作为其城市更新、转型的重要发展方向，进而提出了建设"创意城市"的战略目标。中国经济学家厉无畏指出："创意城市不是严格的学术概念，而是一种推动城市复兴和重生的模式。"[1]正如国际博物馆协会所指出的：博物馆不仅是旧遗产的投影机，更是新文化的发生器。放眼世界，博物馆、美术馆都是高质量、精英化的创意空间，为推动知识生产、培育文化创意发挥着重要作用。伴随着经济环境的变化、技术发展的冲击，以及消费文化蔓延和大众文化流行，博物馆、美术馆等文化展示场所与文化休闲、文化消费、文化创意的联系日益紧密。丰富多彩的文化展览、琳琅满目的创意产品、形式多样的研学活动使博物馆的发展方向不再只是面向严肃的观众和专业人士，而是更加积极地吸引社会公众走进博物馆、使用博物馆、消费博物馆。在城市更新进程中，要发挥好博物馆作为一种灯塔式的文化空间的独特价值，通过特别展览、文化展会、高端论坛、艺术节、研学游、综艺秀等多种形式的特色、爆款文化活动产品，培育城市IP，开展社群传播，塑造"网红效应"，实现城市文化价值和产业价值的相互赋能，汇集艺术家、设计师、文化企业、创意机构、专业媒体等产业主体，共同创造美好的城市文化环境。

三、融入市民生活，赋能经济发展

文明如水，润物无声。博物馆承载着源远流长的人类历史，通过灿若星辰的藏品，将流动的光阴定格为不朽；博物馆搭建起传播文化的桥梁，通过激活凝固于藏品中的信息，沟通古今，沟通世界。伴随着时代变迁，

---

[1] 厉无畏：《创意改变中国》，新华出版社，2009年。

博物馆被不断赋予新的历史使命。在城市更新的历史进程中，博物馆承担着收藏文化物证、提供舒适体验、建立消费触媒、搭建文化场景、驱动空间生产等一系列不可替代的重要作用。在现代城市中，经济和文化活动的需求日益多样性，文化活动逐渐进入城市生活的核心，文化空间在市民生活中的地位也变得越来越重要。包括博物馆在内的各类城市文化空间不仅为人们提供了获得文化产品和服务的机会，更重要的是开创了一种新的文化生活方式。很多人将走进博物馆看作一种日常的休闲娱乐方式，从故宫博物院推出的《只此青绿》文化演出，到河南博物院的考古盲盒，再到长沙博物馆的网红剧本游，以及红遍网络的数字藏品（NFT），许多博物馆因为特色化的文化服务产品"火出了圈"，博物馆融入了城市生活之中。在这个时候，走进博物馆的人们也发现，他们来到这里的目的早已不再是单纯地为了观看展览、接受教育，他们的身份也不再是普通的观众，博物馆与演艺、娱乐、消费等其他类型的公共文化空间的界限正在变得越来越模糊，也就是在这种日趋模糊的界限中，一种介乎于文化、教育、购物等业态之间的体验经济（Experience Economy）正在城市中生根发芽。

在休闲活动与体验经济走进博物馆的同时，博物馆的文化服务功能也在向城市消费空间外溢。伴随着城市化的进程，包括购物中心、商业综合体、机场、火车站，甚至是地铁站等在内的城市公共空间，已经逐渐成为城市文化建设和品牌营销的重要窗口，几乎每天都有许多大型的文化展示活动在不同的城市举行。由于博物馆与城市文化的密切联系，各种与博物馆文化相关的元素也正在被请进这些城市文化空间，甚至成为其中展示的主角。例如位于上海市中心的K11购物中心曾经与巴黎马蒙丹-莫奈美术馆合作举办了"印象派大师·莫奈特展"，两个月展期里吸引观展人数40万，购物中心营业额增长20%。K11艺术基金会创办人兼主席郑志刚将自己的商业模式称为"博物馆零售"，在他看来"在电商冲击传统百货的时代，这意味着零售品牌、公共空间以及艺术共融一体"。首都机场集团从2008年开始举办"义化国门"系列展览活动，至今已累计举办各类公益文化活动百余期。广东省博物馆联手广州地铁，将粤博"牵星过洋——万历时代的海贸传奇"展的延伸展览"千年海丝，文明广州——海上丝绸之路文化展"带进地铁广州塔站，通过大量的图文说明、精心设计的3D场景，以及40余件来自海上丝绸之路的文物珍品，将2000多平方米的地铁站厅变身为一个可以每天开放16小时，每月接待近百万观众的超级博物馆。这个"博物馆"的展示空间还可以无限拓展，三趟以"海丝"元素包装的地铁文化专列，带领来自五湖四海的乘客开启一次与众不同的"穿越之旅"。从商场到机场再到地铁车站，在博物馆积极走进公共空间的同时，城市公共空间也不断博物馆化，一个全新的"泛博物馆"时代正向我们走来。

关于这种文化空间与城市公共空间的功能置换与渗透，英国城市文化学家斯蒂芬·迈尔斯在《消费空间》一书中做过这样的描述："通过参与环境的创造并且使用书中的每一种技巧，游客加入全身心投入的感性事件当中，不管是购物、参观博物馆、在餐厅用餐，还是组织商家活动，或者提供各种个性化服务，从理发到旅行的安排。在这个过程中，商店可以产生某种博物馆的特征，而博物馆也可以变得更像是娱乐场所的延伸。"2022年5月，国际博物馆协会公布了经特别咨询委员会会议投票产生的博物馆定义的两个最终提案，拟提交将于8月举行的国际博协布拉格大会最终表决。两个提案均没有坚持原有博物馆定义中教育、研究、欣赏三项基本功能，而分别提到了博物馆以具有包容性、多样性和参与性的方式进行运营并与社区和公众进行交流，为教育、欣赏、深思和知识共享提供多种体验等许多新的表述，这也预示着面对日益变化的城市社会，博物馆的功能也将随之转变。

在中央宣传部等九部门联合发布的《关于推进博物馆改革发展的指导意见》中明确提出，实施"博物馆+"战略，促进博物馆与教育、科技、旅游、商业、传媒、设计等跨界融合。我们认为推动博物馆文化服务功能的拓展和文化资源向城市外溢正是"博物馆+"最重要的内容实质。当前，百年变局与世纪疫情交织叠加，世界之变、时代之变、历史之变正以前所未有的方式展开。置身于变革中的博物馆理应顺应时代，转型发展，更加紧密地融入城市更新与社会发展的进程之中，与各类城市经济、文化要素协同整合，从单体博物馆到博物馆集群，再到"类博物馆""泛博物馆"，最终形成在一定地域范围内拥有强大社会影响力的博物馆体系，在整个城市范围内为社会公众提供多元化、有针对性的公共服务产品，将博物馆的服务范围拓展到整个城市空间，形成"城市即博物馆"的"博物馆之城"，赋能城市经济发展，彰显城市文化形象。

第五章　博物馆之城建设的模式策略（一）
——以博物馆建设驱动城市空间重构

空间是人类生活世界的基本组成部分，城市空间是一切城市活动的基本载体，其结构形态随着经济社会的发展而演变，对城市空间的重构是城市更新的重要内容。[1]20世纪中叶，许多西方城市被传统城市结构与工业城市功能之间的冲突困扰，为了解决这一对矛盾，法国学者亨利·列斐伏尔（Henri Lefebvre）提出了"空间生产"理论。他指出："对生产的分析显示我们已经由空间中事物的生产转向空间本身的生产。由空间中的生产（production in space），转变为空间的生产（production of space）。"根据这一理论，城市空间结构与经济社会发展、产业结构调整都有着密切的关联，进入后工业时代，城市不再围绕"工作"运转，对于文化空间的需求显著提升，生产空间、居住空间和文化空间三者的比例结构将会发生重大变化，城市空间结构的变化也将会给城市发展提供巨大的动力。[2]越来越多的城市加入"博物馆之城"建设的行列，这也正是城市空间生产和空间结构变迁的重要成果。

博物馆作为一种具有可及性和包容性的城市文化空间，能够满足人们学习、欣赏、深思和知识共享等多种文化需求，并且对于教育、旅游、设计、休闲娱乐等多种周边业态都具有良好的辐射和带动作用。当前，中国博物馆数量快速增长，截至2021年末，全国博物馆总数已达6183家，许多城市都把博物馆作为城市空间生产的重要方向，力求依托城市文化底色，

---

[1] 张雯：《城市更新实践与文化空间生产》，上海交通大学出版社，2019年。
[2] 傅才武：《文化空间营造：突破城市主题文化与多元文化生态环境的"悖论"》，《山东社会科学》2021年第1期。

建设多种形态的博物馆，建构城市文化地标，形成特色博物馆体系，提升城市软实力，在驱动城市空间重构的同时，也重构了城市产业发展要素体系和赋能方式。可以说，这就是"博物馆之城"建设的核心要义。

一、建设文化地标型博物馆，助推城市转型发展

精美的建筑、珍贵的藏品、丰富的活动，使得大型重点博物馆往往在一定地区甚至是全国、全世界范围内都具有强大的知名度和社会影响力，能够成为所在城市的地标。近年来，几乎每个主要城市在城市更新进程中都会将一座或几座具有地标意义的大型博物馆纳入规划建设范围。伴随着越来越多的高质量博物馆拔地而起，占据了城市中心区域的天际线，城市空间图景也正在从农业时代、工业时代的背景下实现转型，注入了浓郁的文化消费气息。从巴黎蓬皮杜艺术中心到毕尔巴鄂古根海姆博物馆，从阿布扎比卢浮宫到苏州博物馆，文化地标型博物馆对城市发展发挥了不可思议的力量。作为重要的文化标志物，标志性强、识别度高、辐射范围广的地标型博物馆可以有效推动城市形象的重构，给城市带来不可估量的无形资产，强化城市品牌建设以及城市市民和外来游客对于城市形象的认知。

毕尔巴鄂是西班牙巴斯克自治区比斯开省（Bizkaia）的首府，位于西班牙北部，拥有700多年的历史，是一座因航海业和进出口贸易而兴起的港口城市。19世纪初，人们在毕尔巴鄂发现了储量丰富的高质量铁矿，毕尔巴鄂成为西班牙仅次于巴塞罗那的第二大工业中心。但是仅仅过了一个多世纪，由于传统工业的颓败，这里又成为一座废气弥漫、污水横流的落后工业城市。面对城市的衰败，当地政府和商业集团积极寻求破局之道，它们选择学习海外工业城市转型的经验，酝酿了具有前瞻性的、突出文化导向的城市复兴策略。20世纪八九十年代，当地政府组建了一系列城市规划、建筑及文化和旅游方面的组织机构，负责城市复兴项目的策划。在转型过程中，为了提升城市的国际形象，毕尔巴鄂对关键的公共建筑项目举办国际建筑竞赛，吸引国际知名建筑师参与其城市建设。此举一方面提升了城市更新项目的设计水平，另一方面提高了

更新项目的国际知名度。1987—2013年，毕尔巴鄂的主要城市更新项目有16%由海外建筑师设计，来自美国、英国和日本等国的建筑师参与了毕尔巴鄂城市更新项目。

其中最具有代表性的就是古根海姆毕尔巴鄂分馆。博物馆选址于毕尔巴鄂旧城区边缘，总面积达2.4万平方米，陈列空间1.1万平方米，总投资1亿美元，由美国建筑设计师弗兰克·盖里（Frank Owen Gehry）设计。1997年，博物馆正式落成启用，整个建筑由一群外覆钛合金板的不规则双曲面体量组合而成，设计形式超离任何习惯的建筑经验之外，以奇美的造型、特异的结构和崭新的材料而举世瞩目。建筑艺术界评价这座博物馆建筑"属于最伟大之列，属于不是用凡间语言写就的城市诗篇"。《纽约时报》建筑评论家赫伯特·马斯卡姆（Herbert Muschamp）曾在《毕尔巴鄂的奇迹》一文中写道："奇迹发生于此。然而，关键并不在于盖里的建筑有多么奇妙。奇迹的发生在于一种极致的乐观主义，这种乐观洋溢于每位完成对此盛景朝圣的人们脸上（仅仅为了一见其施工构建）。"

博物馆文化的力量使毕尔巴鄂脱胎换骨，变成一座充满魅力的文化城市。城市旅游收入年均增长了近5倍，仅仅两年就收回了博物馆的建设投资。[1]毕尔巴鄂古根海姆博物馆的巨大成功，在于它全面展示了视觉艺术对一座城市在吸引文化游客的同时，还能正面且积极地转变自身心理设定。堪称典范的毕尔巴鄂古根海姆博物馆，作为由博物馆的文化力量推动城市转型的著名案例，证明博物馆有能力在工业时代的废墟上，在一片萧条中重建一座面向未来的文化城市。自毕尔巴鄂伊始，一系列城市改造项目都从探索与全球大型机构合作新建博物馆开始，并致力于推动旅游业、重建地区等。这种由于一座博物馆而改变一座城市命运的例子后来被人们称为"毕尔巴鄂效应"（The Bilbao Effect）。[2]

---

[1] 李耀申、李晨：《博物馆："文化湿地"与"城市之肾"》，《中国博物馆》2018年第3期。
[2] 王懿宁、陈天、臧鑫宇：《城市营销带动城市更新——从"古根海姆效应"到"毕尔巴鄂效应"》，《国际城市规划》2020年第4期。

毕尔巴鄂古根海姆博物馆 ©摄图网

苏州博物馆建设是苏州市"十五"期间的重点项目之一，经过多方努力，邀请到世界著名设计大师贝聿铭先生亲自设计。2006年苏州博物馆新馆正式对外开放，吸引了全世界的目光，各地的建筑爱好者慕名前来。苏州博物馆新馆选址位于历史保护街区范围，紧靠世界文化遗产拙政园和全国重点文物保护单位太平天国忠王府。博物馆的建筑设计借鉴了苏州传统建筑艺术的表现方式，承袭了粉墙黛瓦的建筑风格和精致的园林布局艺术，并赋予新的含义，以求"中而新，苏而新"。建筑采用分散布局的方法有机地融入原有的环境，主庭院和博物馆北边的拙政园隔墙相连，从博物馆望去，拙政园的高大古树随风摇曳，新旧园景笔断意连。博物馆与东侧紧邻的忠王府和谐相处，相得益彰。主庭院北墙之下独具创意的片石假山，源自贝聿铭先生对石涛"片石山房"的情有独钟，其有意在苏州博物馆中"以壁为纸，以石为绘"，假山用片石来摆放，就是将浑厚的大石头

苏州博物馆©摄图网

切片，再高低错落排砌，营造出山水画的意境。

在忠王府卧虬堂外，有一株盘曲蜿蜒的古紫藤，为明代书画家文徵明（1470—1559）所植，雅称"文藤"，距今已近500年。建筑师贝聿铭嫁接了文徵明的这棵手植紫藤，栽种在博物馆的一处庭院里，以延续苏州的文脉。而2021年苏州博物馆西馆建成开放时，博物馆团队也移植了这棵文藤的分株。这件"活"的文物，现在被安置在苏州历史陈列的末端展厅，博物馆负责人表示："期望在苏州传统文化这棵老树上，绽放出充满生机的新芽。"[1]

苏州作为一个非省会城市，其辖下的博物馆没有省级馆，但苏州博物馆却在2008年就成为首批国家一级博物馆，并且在历次博物馆运行评估中名列前茅。苏州博物馆现在已经成为苏州人气最旺、最具代表性的博物馆。苏州博物馆的成功不仅在于其建筑的声名远播，更重要的是博物馆长

---

[1] 光明网：《苏州博物馆西馆对外首次开放：百岁江南"文藤"发新芽》，详见http://shuhua.gmw.cn/2021-09/26/content_35190134.htm，2022年6月27日访问。

苏州博物馆全景 ©摄图网

期的用心经营。在展览方面，每年精心策划各类主题展览，从连续四年的"吴门四家"展览盛典到当代艺术的全新呈现，都综合展现了这座博物馆的独特性格。从2013年开始，每年紫藤盛花期后，苏州博物馆都会推出文创镇店之宝——文徵明紫藤种子。文创种子三颗一盒，每盒25元，每年限量1000份，往往预售之时便会被一抢而空，激烈程度堪比春运抢票。苏州博物馆文创负责人介绍道："苏州人文徵明是明代画坛领军人物，文藤因而便有了一种苏州文脉延续和象征的寓意，这颗种子也具有了薪火相传的意义。当你种下这颗种子，看到它发芽、抽叶，你也会有一种思接千古的感觉，仿佛古人的生活就在眼前。"[1]这一颗小小的种子，现在已经成为苏州博物馆的"金字招牌"。

这两座博物馆的成功，展示了文化地标型博物馆对一座城市在吸引文化游客的同时，还能正面且积极地转变城市自身的心理设定。博物馆力量推动城市转型的著名案例，证明了博物馆有能力在农业时代、工业时代的

---

1 名城苏州网：《苏博480年文徵明手植紫藤花开 文创种子"一盒难求"》，详见http://news.2500sz.com/doc/2018/04/11/259921.shtml，2022年6月27日访问。

传统城市基础上，重塑一座面向未来的文化城市。

二、发展文化特色型博物馆，保护城市文化多样性

在当代城市发展中，无论文明古都、历史城市，还是工业化、城镇化时代的新兴都市，其产业聚集、经贸往来、文化交流等，大都离不开城市历史根脉、文明底蕴和文化品质的形象塑造。其中，不同品类、不同题材、不同层次的特色博物馆在城市中恰好可以发挥收藏城市记忆、诠释城市文化的特殊功能，突出展现城市的自然特质、文化特质、经济特质，在保护城市文化多样性的同时，塑造和凸显城市的特色主题文化。

在城市的现代化进程中，始终都充斥着传统与现代的分立，文化遗产保护与现代化城市功能建设之间的对立是其中的重要内容。西方学者认为通过对城市主题文化的经营，可以有效调节城市的文化遗产保护和现代发展之间的对立问题，提升城市品牌、拉动外来投资、增强居民的文化自信。鉴于此，自20世纪80年代开始，欧共体发起了"欧洲文化之城"

（European City of Culture）项目，2000年之后欧盟将其更名为"欧洲文化之都"（European Capitals of Culture），力求以城市文化品牌化、城市综合发展的角度促进区域文化发展，通过文化增进融合、提升共识，这也是当前国际"文化之都""文化之城"的最初表现。在"欧洲文化之都"的评选标准中，包括博物馆在内的各类公共文化空间的运行发展状况，始终是"文化传递能力"指标下的一项重要内容。所以，"欧洲文化之都"的当选城市，往往都拥有为数众多、品类丰富的特色博物馆，用于表现城市主题文化，承载特色文化活动。[1]

这些文化特色型博物馆与文化地标型博物馆在文化功能上存在明显的区别，它们依托于特殊的文化遗产、文化元素、文化主题而存在，在区位上蕴藏于城市街巷，在空间上小巧精致，在收藏上特点突出，在观众上拥有独特的小众吸引力。对照我国现有的博物馆序列，从品类、特色方面看，为数众多、类型多样的中小型专题博物馆，主体多元、特色鲜明的非国有博物馆，以及尚未纳入博物馆序列，但文化功能相对健全的"类博物馆"都属于文化特色型博物馆范畴。

（一）中小型专题博物馆

根据《博物馆建筑设计规范》（JGJ 66-2015），博物馆分为特大型馆、大型馆、大中型馆、中型馆、小型馆等五类，凡建筑面积小于1万平方米的都属于中型馆或小型馆。根据中国博物馆协会开展的博物馆评估定级数据，中小型博物馆约占全国博物馆的60%，是我国博物馆中的大多数。在中小型馆中有一部分属于地市级或区县级综合博物馆，其余大部分属于专题性博物馆。从内容题材看，包括历史文化、艺术、自然科学、革命纪念、考古遗址、非物质文化遗产等多种类型。在许多提出建设"博物馆之城"的大型城市，以及文化遗产资源丰富的历史文化名城中，中小型专题博物馆都是星罗棋布，与城市主题文化紧密贴合，也有力支撑和见证了城市中多元的文化生态，是城市文化的重要载体。建设"博物馆之

---

[1] 陈慰、巫志南：《从功能城市到文化城市："欧洲文化之都"公共文化建设研究》，《山东大学学报（哲学社会科学版）》2017年第9期。

北京市石景山区博物馆的"北京·石景山——北京西山永定河文化带历史文化展"

北京艺术博物馆

城"既要重视大规模的文化地标型博物馆，也要重视中小型专题博物馆的建设与发展。在城市更新的进程中，要依托城市文化遗产资源和文化肌理结构，合理布局规划建设具有城市文化符号作用的中小型专题博物馆。对现有的中小型专题博物馆可以进行改造提升，同时加强其与周边其他博物馆、文物古迹等文化要素之间的串联、协调。特别是可以结合重要历史文化街区、工业遗产地区保护更新和文物古迹、历史建筑腾退修缮项目，将历史建筑、老旧厂房、平房院落等旧空间转化建设中小型专题博物馆，再通过中小型专题博物馆的文化枢纽作用，带动周边区域文化消费，形成文化导向城市更新的微动力。

（二）非国有博物馆

非国有博物馆是由社会力量利用或主要利用非国有文物、标本、资料等资产设立的博物馆。非国有博物馆是我国博物馆体系的重要组成部分，发展非国有博物馆，有利于优化我国博物馆体系、填补门类空白；有利于丰富公共文化服务供给方式，构建和完善现代公共文化服务体系；有利于激发社会活力，保护和传承中华优秀传统文化。近年来，我国非国有博物馆快速发展，总体数量已接近2000家，占全国博物馆总数近三分之一。依据藏品的性质以及陈列展示的基本取向，非国有博物馆表现出鲜明的专题性特征，主题性突出，专门性很强。非国有博物馆深化了博物馆藏品的概念，从对文物的收藏拓展到对具有历史、艺术、科学价值的各类实物的收藏，并以国有博物馆所忽视或无力集中收藏的内容为特色。

根据2021年全国博物馆年报系统，全国6138家博物馆中，共有1989家非国有博物馆。绝大多数非国有博物馆都分布在城市之中，特别是提出建设"博物馆之城"的大型城市，多数都是非国有博物馆高度密集的区域，例如在青岛市现有的102家博物馆中，非国有博物馆达到73家，占比72%；洛阳、深圳、宁波、成都、西安等城市的非国有博物馆占比也都达到或接近50%。

非国有博物馆是一支活跃的文化力量，具有较强的观众服务意识和市场经营意识，能够结合城市特点探索适合本馆的生存和发展模式。在城市

大唐西市博物馆

关中民俗博物馆

更新的进程中,应当充分发挥非国有博物馆的积极作用,通过建设聚集区、政府购买服务等多种形式引导非国有博物馆参与"博物馆之城"的建

65

观复博物馆

设。关于这一点,已经引起了一些城市的高度重视,例如在北京市刚刚出台的《鼓励社会力量兴办博物馆的若干意见》中明确提出:"鼓励在城市更新、乡村振兴等项目实施中加大博物馆建设力度。支持、鼓励各区结合本区域特色,利用腾退文物建筑、工业遗产、空置厂房等闲置空间,免费或低租金主动引入博物馆文化功能,做好孵化培育,形成高质量的博物馆集聚格局。"

三、保护传承古都文化遗产,保育历史城市的"文化湿地"

在自然生态领域,湿地具有储藏淡水和净化水质的独特功能,生态调节价值居地球上各类生态系统之首。在人类生活尤其是当代城市生活中,博物馆作为保护和传承人类文明的重要殿堂,保存历史遗产、记录文明发展、激发文化创新、调节文化生态,与大自然中湿地的作用异曲同工,因而也被誉为"文化湿地"。

在当代城市发展中,无论文明古都、历史城市,还是工业化、城镇化时代的新兴都市，其产业聚集、经贸往来、文化交流等，大都离不开城市历史根脉、文明底蕴和文化品质的形象塑造。其中，博物馆对城市记忆的典藏和诠释，恰好可以延展和放大它们调节文化生态作为城市"文化湿地"的作用。

诸多事例证明，博物馆是城市现代化的必要内容，是城市可持续发展的基础环节，也是衡量城市综合竞争力的关键指标。城市正是因为有了博物馆这方文化湿地，才显得和谐、宁静、美丽、繁荣，洋溢独特而持久的文化气质和超凡魅力。

在世界驰名的历史城市，譬如雅典、罗马、伦敦、巴黎、圣彼得堡、开罗、墨西哥城，以及中国的北京、南京、杭州、西安、洛阳等地，历史街区、传统建筑、古迹遗址，延续历史风貌，维系文化景观，犹如自然生态中的原始森林。而这些城市里聚集的博物馆，记载着城市的足迹，凝结着城市的历史，标志着城市的传统底蕴和不凡气度，去喧嚣而敛沉静，涤浮华而凝厚重，其文化湿地作用尽显无遗。

近年来，伴随城镇化步伐的加快，我国越来越多的博物馆和开放的文物古迹升级为4A、5A级景区，促进文化旅游名城建设、支撑旅游及相关产业发展的独特优势日益显现。于是，一些历史文化名城和大众旅游热点城市，纷纷提出了建设"博物馆之城"的命题。譬如，西安、成都、洛阳等历史城市，在"博物馆之城"的规划建设理念与实践中，都十分强调文化遗产保护和博物馆建设在城市发展中的独特优势，注重激活自身得天独厚的遗产资源禀赋。这些做法，契合中国的国情实际、时代要求和世界文化多样性，符合人类文明交流互鉴的国际潮流。

为实现"博物馆之城"建设的目标任务，一方面，要大力提升博物馆的资源基础、专业品质和服务能力，让博物馆在城市生活中真正发挥不可替代的作用，成为人们"一眼千年"的见证、思古悠情的寄托，成为古都辉煌历史和现代城市品位的象征；另一方面，还要把"博物馆之城"的建设作为一项全民支持、共建共享的社会事业，在全社会普及博物馆文化，促进广大民众增强博物馆意识、珍视古都历史荣光，广泛动员各方参与，营造有利于博物馆发展的文明素养、公序良俗和社会氛围。

在"博物馆之城"的规划建设中,应强调和注重做好以下"四有":

一是历史有名。历史之名需要大力挖掘,方能古为今用,世代传承。要深入发掘古都历史文化,梳理古都文明发展脉络,深化研究、科学诠释、精准解读、广泛传播,将古都悠久传统文化中博大精深、激动人心的典籍记载、人物故事与历史遗迹、文物收藏融会贯通,转化为当代民众特别是青少年喜闻乐见的开放内容和展示方式,并不断加强提炼和塑造,使其成为古城文化的重要元素符号,让往昔辉煌的历史光环化为城市现代化建设的一道亮丽风景。

二是遗存有物。要广泛动员,全市协力,切实加强古都文化遗产保护。坚持保护中发展,发展中保护,像爱护生命一样珍惜文物,对古城发展历程中形成的历史遗迹、历史建筑、历史街区、历史风貌等进行科学保护、合理利用,留住古都的历史根脉。特别是在遗产保护与现实生产生活、城市发展发生矛盾时,必须坚持文物保护上的底线思维、一票否决,绝不能以牺牲遗产本体及其环境为代价。

三是传承有序。要整体规划,多措并举,全面提升历史城市博物馆的建设质量和品牌价值,依托各类历史遗迹和文物建筑,规划建设布局合理、各具特色、充满魅力的专题博物馆,促进遗产地开放、博物馆资源共享和历史文化知识普及,让各类文物史迹和博物馆真正成为古都文脉、城市记忆永续传承的窗口阵地。

四是发展有力。要统筹布局各类事业、产业,从传统文化中汲取营养和动能,努力推动遗产保护与经济社会发展深度融合。要把博物馆塑造成重要的大众旅游目的地和新兴创意经济的策源地,不断增强古都城市的发展活力。

总之,博物馆不仅是旧时代的投影机,更是新思想的发生器。依托历史城市的优质遗产资源,规划建设名副其实的"博物馆之城",必将推动历史悠久的文化名城焕发生机,以历久弥新的姿态,阔步融入新时代的发展大潮。[1]

---

[1] 李耀申、李晨:《博物馆:"文化湿地"与"城市之肾"》,《中国博物馆》2018年第3期。

第六章 博物馆之城建设的模式策略（二）
——以博物馆集群推动街区文化再生

　　城市是街区的组合，街区是城市发展的经脉，也是城市更新的骨架。当前，中国已进入城市化后半场，城市化的方式正从增量扩张转向存量更新，大规模的拆迁改造已经越来越少，小尺度的街区空间微更新正在成为未来城市更新的发展趋势。越来越多的城市都在探索通过最小尺度的城市更新来实现最大范围的城市影响。在这样的背景之下，如何发挥好博物馆作为文化舒适物在街区环境改造、风貌整治、文化遗产保护方面的积极作用，推动街区文化再生，就成为"博物馆之城"建设中的关键问题。

　　近十年的全国博物馆名录数据显示，2011年全国博物馆数量3589家，2012年3866家，2013年4165家，2014年4510家，2015年4629家，2016年4873家，2017年5136家，2018年5354家，2019年5535家，2020年5788家，2021年6183家，平均每年以一二百家的速度快速增长。

　　博物馆数量的激增、免费开放政策的推广以及文旅融合的趋势，引发博物馆管理的一系列问题。一些经济学、管理学的概念被逐渐引入文博行业，其中就包括"集群"的概念。"集群"最初是生态学的概念，后在经济学领域引起关注。迈克尔·波特（Michael E. Poter）在《竞争论》中将集群定义为"地理位置相邻近的在特定领域中相关联的公司和相关机构组成的团体"，重点讨论了产业集群的重要性，并通过大量的产业集群实例来论证集群的特性竞争优势，如生产力的提高，经济价值的增长，对当地经济的促进。[1]21世纪初，国外学者将集群概念引入文化领域，并提出"文化集群"的概念，相关研究均以世界各地的博物馆集群为案例进行讨

---
[1] 赵昕宇：《博物馆集群策略研究》，山东大学2020年硕士学位论文。

论，分析城市的文化资源整合现象。

伊莉娜·范·阿尔斯特（Irina van Aalst）和伊内兹·博格特（Inez Boogaarts）的《从博物馆到大众娱乐场所：博物馆在城市中的作用演变》认为，博物馆集群已经成为旅游业的关键要素，也是城市经济的重要贡献者，在城市对于游客、企业、居民的竞争中，博物馆已经从主要用于教育和文化展示的建筑物演变为游客占据的公共空间。城市对博物馆设施投资和博物馆空间集中发展越来越关注。[1]

国内最早对博物馆集群进行系统化论述的是台湾学者田洁菁。她在2010年的《博物馆集群的形成和影响：台湾的两个案例研究》一文中将"集群"概念运用到博物馆中，并探索集群对博物馆的影响。她认为"博物馆集群"指的是"相互联系的博物馆在地理位置上集中，并与当地供应商、旅游景点和公共部门实体合作"。[2]2015年，王小明、宋娴的专著《重构与发展——博物馆集群化运营研究》系统研究了博物馆集群在中国的应用及发展，从最基本的背景、概念、过程谈起，结合前人研究成果，归纳了博物馆集群的四种模式，分别为后因性垂直管理模式、先因性垂直管理模式、服务型水平合作模式和共享型水平合作模式。[3]

博物馆是城市历史的载体，是城市形象的标志，是城市未来的积淀。一座城市中博物馆的选题、布局大都与其文化遗产、文化景观、文化街区紧密结合。今天的博物馆，不仅重视传统的可移动文物的收藏、保管和展示，也越来越重视和社区、所在地及周边环境的整合兼容以及整体视觉与认同形象的经营。在许多文化资源富集的历史文化名城和新兴文化都市中，以多座相互关联的博物馆为主体，融汇各类历史遗迹、文化景观、文化设施和商业设施整合形成的城市博物馆集群正在不断兴起。从美国华盛顿史密森尼博物馆群，到德国柏林的博物馆岛，再到日本东京都上野恩

---

[1] 赵昕宇：《博物馆集群策略研究》，山东大学2020年硕士学位论文。
[2] 田洁菁：《博物馆合作网络实证分析与模型推导》，《博物馆学季刊》2013年第27卷第4期。
[3] 王小明、宋娴：《重构与发展——博物馆集群化运营研究》，上海科技教育出版社，2015年。

赐公园博物馆群；从江苏南通的环濠河博物馆群，到成都的安仁博物馆小镇，再到澳门历史街区博物馆群；从城市中心历史文化街区，到工业遗产厂区，再到乡村生态旅游区，通过博物馆集群推动街区文化再生的案例不胜枚举。

当前，博物馆已成为许多城市的形象标识。在城市更新进程中，打造博物馆集群不仅能提升城市形象，还有助于提升当地整体公共文化服务水平，促进城市社会经济发展，符合经济持续高速发展之后重视文化建设的国际规律。[1]推动博物馆在空间上聚集，一方面以空间集聚为优势，让区域内的博物馆与文化机构、商业机构的资源实现互通共享，弥补单体博物馆的资源缺陷，产生规模效应，提升博物馆服务能力；另一方面可以有效节约市民旅游参观的出行成本，丰富观众的参观体验，拉动周边地区的文化消费，建立从陈述历史转向构建引领未来消费价值的体验过程，将碎片化的文化遗产和城市记忆，编织成被当代人所理解的文化产业叙事。[2]高质量、品牌化的博物馆集群应当是"博物馆之城"建设的标配。

一、从历史文化街区到博物馆街区

由于历史发展，多数文化古城的核心地区都是文化遗产高度密集的历史文化街区，同时也是博物馆资源的聚集区。例如在北京的天安门地区就拥有包括故宫博物院、中国国家博物馆、毛主席纪念堂、正阳门、中国铁道博物馆（正阳门馆）、中国钱币博物馆、中国法院博物馆、中国警察博物馆（未开放）、北京警察博物馆、北京城市规划展览馆、北京皇城艺术馆等十余家博物馆构成的博物馆集群。美国纽约曼哈顿的第五大道从82街区到110街区更是分布着大都会艺术博物馆（The Metropolitan Museum of Art）、国立科学博物馆和艺术学院（National Academy Museum and School of Fine Arts）、库珀-休伊特国立设计博物馆（Cooper Hewitt, Smithsonian Design Museum）、古根海姆博物馆（Solomon R.

---

1 段勇：《博物馆集群发展是大势所趋》，《中国文化报》2021年8月26日。
2 罗小力：《中国博物馆集群发展模式探析》，《博物院》2022年第1期。

Guggenheim Museum）、犹太博物馆（The Jewish Museum）、纽约市立博物馆（Museum of the City of New York）、巴里欧拉美艺术博物馆（El Museo del Barrio）、非洲艺术博物馆（Museum for African Art）、纽约新画廊（Neue Galerie New York）等九座著名的博物馆，因此被称为"博物馆一英里"（Museum Mile）。德国法兰克福的"博物馆之堤"位于美因河畔，在20世纪80年代耗资1亿马克兴建了22座博物馆、80座美术馆、17座戏院和4座音乐厅，被誉为欧洲最宏伟的博物馆区。

近年来，全国各地正面临着前所未有的城市更新热潮，许多不同类型的历史文化街区也正处于更新改造的焦点之上。在经济全球化的席卷之下，全球资本逻辑通行，同质化的命名、程式化的拆建改造，让一些历史街区逐渐丧失掉了固有的文化特色，沦为现代化的商业街区，"千城一面"由此诞生。为了避免文化街区就此沦陷，当前的城市更新更加倡导"留改拆"并举，以保留利用提升为主，保护街区文化遗产，传承街区历史文脉，重塑公共文化空间，通过更新改造推动产业结构调整升级，扩大文化有效供给，优化投资供给结构，带动消费升级。重塑公共文化空间，是街区文化空间的关键环节。历史文化街区是传统文化延续和传承的特质空间载体，是城市中的活态博物馆。在城市更新进程中，依托街区范围内的历史文化资源，在重要历史建筑、公共空间、服务设施中建立社区博物馆、胡同博物馆，并引入与街区文化、商业、居住功能相关的各类专题博物馆和"类博物馆"，通过强有力的核心场馆带动，对各场馆之间的资源进行优化配置，形成博物馆集群，加强街区历史文化的展示传播平台建设，拓展丰富街区内的户外文化展示和公共艺术元素，让文化街区转变为博物馆街区，同时让博物馆功能延伸到生活和体验空间，覆盖街区全域，形成"随时可闻、随地可见、随机可讲"的"全域博物馆"，进而拉动街区范围内的文化创意产业，以文化创意为动力，重塑街区产业结构。

这方面的一个典型案例就是丹麦的奥胡斯老城，在城市发展中始终坚持"可沉浸的完整街区"规划理念和"传统生活场景再现"创意营造思维，用打造"生活博物馆"的表现形式将75幢历史建筑中的博物馆、手工作坊、商店、民居相互整合,形成了独具特色的北欧小镇生活图景。[1]

同样的例子还发生在福州城区的三坊七巷,这里由三个坊和七条巷组成,坊巷内保存着200余座历代古建筑,其中全国重点文物保护单位9处,省、市级文物保护单位和历史保护建筑数量众多,有着"明清古建筑博物馆"和"城市里坊制度活化石"的美称。2010年以来,福州市政府决定在三坊七巷设立社区博物馆,结合三坊七巷街区的维修和保护,依托其文化内涵和地域文化特色,以众多文物古迹、名人故居和民居街巷为载体,全面展示社区文化,形成了"地域+传统+记忆+居民""一个核心展馆、各种类型的博物馆、展示馆"模式的社区博物馆。[2]作为当代中国高速城镇化进程中旧城改造、地产开发大潮下抢救性保护城市历史文化遗产的典范,福州三坊七巷历史街区的留存、保护和博物馆建设,取得了巨大的成

福州三坊七巷美食街南后街©摄图网

---

1 齐骥:《城市文化更新:如何焕发城市魅力》,知识产权出版社,2021年。
2 单霁翔:《从"馆舍天地"走向"大千世界":关于广义博物馆的思考》,天津大学出版社,2011年。

福州三坊七巷街景 ©摄图网

功。该项目也因当地政府规划决策的高瞻远瞩、社区世居民众文化主体意识的参与和增强，以及在中国特色城市文化传承发展方面的杰出贡献，获得了诸多荣誉，令人艳羡。

二、从传统工业空间到博物馆工厂

传统工业空间作为工业时代的产物，见证了工业文明的发展与变迁，为城市发展做出了巨大贡献，承载着城市和城市原住民共同的回忆，具有重要的历史价值，在城市更新中值得保护和保留。[1] 2011年11月，国际古迹遗址理事会（ICOMOS）第17届大会通过了《关于工业遗产遗址地、结构、地区和景观保护的共同原则》，明确指出："工业遗产的价值存在于生产结构或场地本身，包括机械设备等物质组成、工业景观、文献资料，以及在记忆、艺术、习俗中存在的非物质记载。"

传统工业空间包括作坊、车间、厂房、矿区、管理和科研场所等生产

---

1 徐安利、马宏瑞、余跃心：《城市老旧工业区更新改造策略研究——以上海西岸为例》，《智能建筑与智慧城市》2021年第12期。

储运设施，以及与之相关的生活设施。传统工业空间的改造和再利用已经是解决城市土地资源短缺、促进城市产业更新的一个重要手段。随着时代的发展，科学技术的不断进步是历史的必然，新型工业的蓬勃发展和传统工业的逐渐衰败不可避免。但传统产业的退出，并不意味着厂房等空间载体也与落后产能一同被淘汰，而是要努力实现旧工业空间的社会、经济、文化价值的有机统一，推进地方经济发展与工业遗产保护相互促进、文化与商业共同繁荣。利用博物馆等文化空间转化工业空间是当前传统工业厂区改造和再利用的重要手段，不仅可以延续空间的经济功能，还可以新的方式发挥其新的作用，为城市文化创新提供空间。文化与创意在城市可持续发展中发挥着关键作用，它们不仅有利于经济多样性并且创造就业，通过城市参与社会构成和文化多样性做出贡献来提升市民的生活品质，而且有助于建立共同的身份认同。同样，通过促进文化参与和重塑公共空间，创意也成为构建城市包容和幸福的推动者。

通过建立主题工业博物馆，鼓励企业兴办企业博物馆，引入历史文化、自然科技、艺术美术、革命纪念等方面的专题博物馆和"类博物馆"，同时引入与博物馆相关联的文化艺术、科技、创意产业，能够打造文化多元、业态丰富的博物馆创意工厂。此外，还可以通过博物馆文化活动带动餐饮、购物等综合消费，以及演艺、影视、IP运营、在线直播、沉浸体验、剧本游戏等文化消费新业态，如此既是对空间的再利用，又尊重了空间的历史渊源和文化脉络。

这方面的一个典型案例就是英国的铁桥峡博物馆群（The Ironbridge Gorge Museums）。铁桥峡位于英国什罗普郡，面积约为5.5平方千米，凭借大铁桥和河流与其他几个主要的工业城镇联系在一起。这里是英国工业革命的发源地之一，18世纪在工业大发展的环境下，是世界冶金业的重要基地，1986年被联合国教科文组织列为首批世界文化遗产。铁桥峡博物馆群成立于1967年，是一个依托工业遗产发展起来的博物馆群，其管理运作模式是极具一体化的信托管理模式，这是一种英国最早出现的私立博物馆群统一管理模式，铁桥峡博物馆信托的职责主要是保存与阐释铁桥峡内的工业革命遗产、向社会筹集资金、向政府取得资助、进行遗址与文物的整理与修复。目前，博物馆群年平均接待观众30万人次，主要通过门票收入、筹款、商业活动，以及从捐赠、资助等渠道获取资金支撑博物馆的发展和运营。

同样的例子还发生在河北唐山的开滦煤矿，建于20世纪初、曾在近代工业史上扮演过重要角色的开滦煤矿，变成了沟通历史与未来的工业遗产博物馆。井架依然矗立，绞车仍旧轰鸣，作为一个与众不同的博物馆，它用这种最直观、生动的方式为我们保留了中华民族一百年的工业强国之梦和几代开滦矿工的劳动报国之梦。作为河北省第一座企业博物馆，开滦做到了建筑与内容的有机结合，在博物馆的基础上规划建设了开滦国家矿山公园，并成为河北省首批"文化产业示范基地"。

三、从传统村镇到博物馆小镇

相对于西方完全处于后工业阶段的城市更新模式设计，中国的城市更新有着完全不同的背景环境。作为全球历史悠久的农业大国，中国城市更新的进程，既面对着革新工业城市的重要任务，也承担着推动乡村振兴的重要功能。[1]作为助力乡村振兴的着力点，城市更新是我国促进"三农"发展、保障耕地和粮食安全的重要途径。伴随着我国城市化宏大进程，位于城市周边生态涵养区域内的农村经济也得到迅速发展，成为城市生态旅游的主要承载地，市民旅游休闲、寻找乡愁的后花园。

文化赋能乡村，乡愁回归乡村，乡情村史陈列室、乡村博物馆的建设方兴未艾。特别是在近几年，伴随着乡村振兴战略的实施，一种集细分高端的产业特色、产城人文融合的功能特征、集约高效的空间利用特点为一体的微型产业集聚区——特色小镇，在乡村地区广泛兴起，并形成热潮，在推动经济转型升级和新型城镇化建设中发挥了重要作用。在国务院办公厅转发国家发展改革委《关于促进特色小镇规范健康发展的意见》（国办发〔2020〕33号）中明确提出："推进特色小镇多元功能聚合，打造宜业

---

[1] 彭显耿、叶林：《城市更新：广义框架与中国图式》，《探索与争鸣》2021年第11期。

宜居宜游的新型空间。叠加文化功能，挖掘工业文化等产业衍生文化，促进优秀传统文化与现代生活相互交融，建设展示小镇建设整体图景和文化魅力的公共空间。叠加旅游功能，加强遗产遗迹保护，因地制宜开展绿化亮化美化，打造彰显地域特征的特色建筑，保护修复生态环境。"

在乡村振兴和特色小镇建设的背景之下，推动有条件的地方，依托历史文化资源丰富的传统村镇，特别是历史文化名村、名镇，规划建设符合乡村发展定位的博物馆小镇，有利于推动乡村文化建设，促进乡村旅游产业，带动乡村经济发展。这种博物馆小镇是由实体化的综合性博物馆、专题博物馆、乡村博物馆、"类博物馆"、乡情村史陈列室，以及村镇范围内的文化遗产、文化景观、文化旅游设施相互整合而成的乡镇文化综合体，集博物馆、旅游景区、现代社区、人文产城等多种功能于一体。其文化功能与综合保护和展示农村地区传统文化和生态环境的"生态博物馆"存在一定相似之处，但也有明显区别，最显著的特点就是博物馆小镇由实体的博物馆和文旅服务设施共同构成，兼具文化传播和产业发展双重功能。特别值得一提的是，在规划建设"博物馆之城"的城市周边，生态涵养区域内建设博物馆小镇，与城市博物馆体系相互联通，形成覆盖城乡的博物馆网络，对于推动"博物馆之城"建设具有重要意义。

这方面的国内典型案例是位于成都市大邑县安仁镇的"安仁·中国博物馆小镇"，作为唯一一座由中国博物馆协会命名的中国博物馆小镇，安仁以公馆老街、刘氏庄园博物馆、建川博物馆为空间基础划定的博物馆群落，构成了古镇最核心的文化资源。其中的建川博物馆聚落占地面积达500亩，建筑面积10余万平方米，现已建成开放抗战、民俗、红色年代、抗震救灾等33座主题场馆，拥有藏品1000多万件（套），年收入达到4000多万元，是四川地区非国有博物馆的一个重要代表。近年来，安仁还以"文化+旅游+城镇化"的全新理念为引领，对古镇上比邻而立的老公馆进行"修旧如旧、最小干预、完全可逆"的改造提升与活化再利用，建成了华公馆、徕卡博物馆、红酒博物馆、万里茶道·中国茶空间、央视《国家宝藏》线下体验馆等一批公馆式精品博物馆。在开设主题特色展览之余，安仁还探索突破传统博物馆的展陈模式，积极探索"博物馆+"新

建川博物馆

刘氏庄园博物馆©摄图网

建川博物馆中的不屈战俘馆

型消费体验场景和空间美学实践,并策划推出了《今时今日安仁》的实景演出,为游客提供了移步换景的沉浸式体验。数据显示,新冠疫情前,安仁古镇及周边景区年均接待游客668.51万人次,实现旅游综合收入19.31亿元,安仁全镇居民直接从事文化旅游的从业者占36.9%,间接从业者占23.1%,博物馆和文博文创产业对区域经济和就业的贡献率超过30%。[1]

---

1 李宏伟、唐元龙:《安仁古镇:打造"文化+旅游+城镇化"特色样本》,《中国改革报》2019年10月23日。

第七章 博物馆之城建设的模式策略（三）
——以"类博物馆"激发城市文化活力

中央宣传部、国家发展改革委、教育部、科技部、民政部、财政部、人力资源社会保障部、文化和旅游部、国家文物局联合发布《关于推进博物馆改革发展的指导意见》提出："实施类博物馆培育计划，鼓励将具有部分博物馆功能、但尚未达到登记备案条件的社会机构，纳入行业指导范畴，做好孵化培育。""类博物馆"这个专业名词开始走进人们的视野。作为一种类似博物馆的文化机构，"类博物馆"早已在我们的城市中广泛存在，由于缺乏深入研究，"类博物馆"的概念总让我们看似熟悉，却又陌生。在"博物馆之城"建设背景下，有必要深入研究"类博物馆"的定位与发展，建立针对"类博物馆"的管理、扶持政策，以"类博物馆"激发城市文化活力。

一、"类博物馆"概念解读

"类博物馆"一词来源于日本《博物馆法》中规定的"类似博物馆的场馆"。早在1951年日本颁布的首部《博物馆法》附则中就规定有"博物馆性质的场馆"，并确定了相关的认定标准。1955年，日本文部省发布的《博物馆法施行规则》将其称为"博物馆同等性质场馆"，并要求此类场馆需要得到文部科学大臣或都道府县的教育委员会的指定。此后，日本《博物馆法》经过多次修订，最终将日本的博物馆分为"注册博物馆""博物馆性质的场馆""类似博物馆的场馆"三大类，这一划分主要依据机构的性质以及机构是否注册或被政府指定。其中，"注册博物馆"需要依据《博物馆法》规定的申请程序提交材料并获得批准;"博物馆性质的场馆"是指虽然不具备注册博物馆的条件,但是满足一定条件,即由文部科学大臣或地方教育委员会所指定的场馆;"类似博物馆的场馆"则指没有使用"博物馆"作为名称但与博物馆的社会功能接近的场馆。由于日本博物馆注册程序较为复杂,许多登记制度要求与行业的实际状况和发展需要脱节,一些符合条件的机构因无法注册或不愿意注册,而成为"博物馆性质的场馆"或"类似博物馆的场馆"。统计数据显示,日本全国的"注册博物馆"约有900余家,"博物馆性质的场馆"约有300余家,"类似博物馆的场馆"则超过4000家。"类似博物馆的场馆"不受《博物馆法》的规制,自谋发展、自我管理,往往不被视为真正意义上的"博物馆"。

20世纪90年代,"类博物馆"的概念被引入我国台湾地区。1994年,江韶莹在《博物馆学季刊》上发表的《博物馆与原住民文化保存诠释的省思(上)》一文中指出:"如台大人类学系标本陈列室等以研究教学为重,虽设置时间已超过半个世纪以上,但不以开放供一般民众参观为职志,或仅以展示以及保存资料为主的陈列馆等,笔者暂称其为'类博物馆'。"[1]

在博物馆学界,与"类博物馆"概念相同,意指与博物馆的社会功能接近的场馆还有"博物馆类似机构""泛博物馆""广义博物馆"等多种表达方式。单霁翔曾在2011年6月发表《广义博物馆理论与实践的思考》一文,将旧址博物馆、生态博物馆、社区博物馆、数字博物馆等统一表述为"广义博物馆"。[2]

综合上述表达,结合我国博物馆事业发展实际情况,《关于推进博物馆改革发展的指导意见》将"类博物馆"定义为"具有部分博物馆功能、但尚未达到登记备案条件的社会机构"。

---

[1] 江韶莹:《博物馆与原住民文化保存诠释的省思(上)》,《博物馆学季刊》1994年8(2)。
[2] 单霁翔:《广义博物馆理论与实践的思考》,《中国文物报》2011年6月29日第5版。

二、"类博物馆"的形态特色

在实践中,"类博物馆"包括各类军史馆、厂史馆、校史馆、村史乡情馆、陈列馆、规划馆、艺术馆、名人故居等。较之中小型专题博物馆和非国有博物馆,"类博物馆"的分布更加广泛,仅北京市调研统计的数量就已达到500余家,是备案博物馆数量的2.5倍。"类博物馆"广泛分布在商业街区、旅游景区、乡村社区、商务楼宇、机场车站、大中小学之中,与公众的距离更近,对文化消费的促进作用更强。

2021年12月至2022年1月,笔者参与了北京市委宣传部统筹,北京市文物局联合市、区相关单位共同组织开展的"类博物馆"情况调研,实地探访了北京地区的多所"类博物馆",并选取了一些具有代表性的场馆进行了跟踪,从这些"类博物馆"不同的区位、业态、发展现状,我们可以对各地的"类博物馆"进行典型画像,归纳出"类博物馆"的形态特色。

(一)北京社区博物馆的肇始——花市社区博物馆

花市社区博物馆位于北京市东城区东花市枣苑8—9号楼之间的地下空间内,由东城区东花市街道举办,其建馆宗旨为服务社区,传承民间艺术精髓,挖掘地区文化特色,展示花市地区历史发展。展览包括东花市历史文化长廊、综合展览厅、"绢人"展示厅、"绢花"展示厅、"葡萄常"料器展示厅、"绒鸟"展示厅、"玉器"展示厅、民间手工

花市社区博物馆

艺综合展示厅，以及1个工作室、1个文体活动室、1个民防宣教指挥中心和1个国防教育基地。该馆于2008年建成开放，在建设过程中和建成开放后曾受到我国博物馆学界的高度关注，苏东海先生曾多次到该馆与社区居民交流，许多博物馆学者将其称为我国第一座社区博物馆。该馆先后被市、区主管部门授予"全国国防教育先进单位""首都精神文明建设先进单位"和东城区首批"科普教育基地"称号。该馆建成初期曾按有关规定向文物主管部门申请登记，但专家经过评审认为，该馆是利用地下人防工程改造而来，通道狭窄、通风能力较差、安全隐患较多，不宜对观众开放，主管部门未批准该馆的注册申请。在调研过程中，经相关部门协调，拟由属地街道办事处出具证明其建筑和消防安全的相关文件，并在后续开放过程中与所在区相关主管部门对场馆安全进行监管。

（二）依托历史建筑搭建的革命教育基地——京报馆旧址（邵飘萍故居）

京报馆旧址（邵飘萍故居）位于北京市西城区椿树街道魏染胡同30号、32号，是传奇报人、革命志士邵飘萍曾经办报和生活的地方。作为传播马克思主义的前哨，《京报》和著名报人邵飘萍用文字讨伐反动当局，公开出版马克思纪念特刊。1925年春天，经李大钊等人介绍，邵飘萍秘密加入中国共产党。1926年，邵飘萍在京报馆附近被逮捕，随后英勇就义。1949年4月，毛泽东亲自批示追认邵飘萍为革命烈士。据党史专家考证，邵飘萍凭借记者的特殊身份，不仅为组织提供了大量情报，还在报馆多次帮助组织印刷、出版《工人周刊》《京汉工人流血记》等刊物，亲自负责培养党组织派往《京报》见习的学子，为党培养了一批新闻战线上的得力干将。为了赓续红色精神，2018年开始，北京市对京报馆旧址进行腾退，由西城区委托人民文博（北京）运营管理有限公司运营，作为北京报业文化展示场馆和邵飘萍故居面向公众开放。但是由于该馆无藏品，不符合博物馆备案的藏品要求。经相关部门协调，拟由市、区有关部门组织开展业务指导和培育，以现有展览对社会开放，加强藏品征集和复制等工作。

（三）乡情村史展馆的典型代表——半壁店村史馆

半壁店村史馆隶属于北京市朝阳区高碑店乡半壁店村党总支、村委会，自2015年7月开始建馆，2017年正式落成，2018年开始接待参观。该馆占地面积约932平方米，馆内设置了"序厅""千年古村篇""复兴之路篇""美好明天篇"四个篇章，大约有310件展品，其中文物100件。馆内收藏着一件尘封了60年的高约2米、重达1.5吨的保密柜，它曾装载着我国"两弹一星"的绝密资料，见证了中国原子弹诞生的全过程。保密柜由"两弹功勋"吴景云老先生的儿子吴寄学捐赠。同时，吴寄学先生还将当初父亲研制原子弹时曾用过的手摇计算器、光学仪器，以及父母生前曾用过的自行车、缝纫机、手表、收音机等近百件物品无偿捐赠给了陈列室，真实还原了20世纪七八十年代吴景云一家的生活场景。与此同时，馆内还搭建了仿真的普门寺、关公庙，以及过去半壁店5个自然村村民的生活场景。一幢古色古香的二层仿制建筑叫"德寿堂"，是由半壁店人创办的老字号中药铺。2017年，首都精神文明建设委员会办公室为该馆颁发了"乡情村史陈列馆"的铜牌。2019年，朝阳区文明办授予该馆"朝阳区爱国主义教育基地"称号。2021年，该馆被评为北京市爱国主义教育基地。但是由于该馆集体用地的属性，无法取得土地证和房产证，不符合博物馆备案的馆舍要求。经相关部门协调，拟由市、区有关部门支持其作为"类博物馆"试点开放，并由区、乡主管部门对场馆安全进行监管。

半壁店村史馆

（四）商业企业兴办的传统文化展馆——国玉和田玉文博馆

国玉和田玉文博馆由国玉印象（北京）文化艺术有限公司举办，位于海淀区新疆饭店院内，是集收藏研究、陈列展示和田玉标本与鉴赏学习中国传统和田玉文化为一体的传统文化展馆。该馆建筑面积约3000平方米，包括文博馆展区、多功能厅、加工区、读书会、商品区、艺术品区、原石区七个部分，从多个角度向人们解答了"和田玉到底是什么？""和田玉为什么这么珍贵？""和田玉有怎样的历史文化？""和田玉的现状又是怎样？"等几乎所有爱玉人都会关心的问题。馆内还以活态展示的形式复原了和田玉的创作和工艺制作过程，并且不定期举行大师作品展，邀请相关学者进行学术讲座，全面展示和田玉的历史文化和当代精髓。但是由于该馆主要展览空间位于地下一层，不符合博物馆备案的馆舍要求。经相关部门协调，拟由市、区主管部门指导该馆合理布局展览空间，增加地上空间展览展示内容，合理设置安全通道，完善消防手续，力争早日达到开放标准要求。

（五）科技企业兴办的科普展馆——北斗卫星导航应用博物馆

北斗卫星导航应用博物馆位于北京经济技术开发区（亦庄）的北斗产业创新基地内，是我国首家以北斗卫星导航应用为主题的博物馆及体验馆，是了解导航技术起源、发展及现代卫星导航应用的重要窗口，是探秘卫星导航技术发展的科普阵地。作为北京经济技术开发区"科技研学在

北斗卫星导航应用博物馆

亦城"主题旅游线路上的一站,该馆承担着北斗卫星导航系统科普宣传、助力营造科技创新社会氛围的责任。自建成并正式开放以来,博物馆吸引了社会各界人士前来参观学习,成为"2021北京科技周""2021北京数字经济体验周"等多个科技创新类活动的学习场地,同时,还与央视、北京电视台等多家主流媒体联合开展北斗科普活动,为北斗卫星导航的科普推广发挥了重要作用。目前,北京经济技术开发区已将该馆纳入"科技馆之城"建设体系的50家企业之一,作为北京亦庄"科技馆之城"建设的重要内容,给予重点指导和支持。

(六)"国潮"特色文化展示空间——于小菓点心模具博物馆

于小菓点心模具博物馆位于北京市朝阳区高碑店乡京杭大运河畔,由仙桂食品(北京)有限公司于2019年创立,占地约800平方米,该馆创始人于进江先生是著名的设计师、收藏家、艺术家。于小菓定位为新中式精品点心,是集中国传统点心文化收藏、整理、研发、创新为一体的文化创新食品公司。该馆保存着创始人历时5年、踏寻10万千米收集的1万多件中国各地古代点心模具及中式点心礼仪道具,馆内的三个展厅(朝代厅、节气厅、生婚寿喜厅)将模具背后的民俗文化、宗教文化、祈福文化、中医养生文化等一一展现,而且还有难得一见的异形模具,比如可爱的玉兔、满是希冀的"平步青云"等。创始人还编著了《小点心 大文化》一书,通过二十四节气与七十二候为读者解读中国点心里的文化内涵。在点心模具馆内,除了向外界展示中国历代点心礼仪模具外,还以点心美学文化交流为宗旨,按节令体验定期举办点心制作活动,打造别具特色的"国潮"文化空间。但是由于该馆集体用地的属性,无法取得土地证和房产证,不符合博物馆备案的馆舍要求。经相关部门协调,拟由市、区有关部门支持其作为"类博物馆"试点开放,并由区、乡主管部门对场馆安全进行监管。

(七)冬奥园区内的沉浸式艺术空间——瞭仓艺术馆

瞭仓艺术馆是一座沉浸式综合商业场馆,总面积7618平方米,位于北

石景山首钢工业文化旅游区

京市石景山区首钢园内,由北京亚太文融数据技术研究院运营,前身是首钢料仓铁粉厂房。该馆建筑上下共四层,主营沉浸式光影文化展览,同时配套有餐饮、酒吧、阅读、潮玩等消费业态。原始工业风场景和众多科技玩法,能够一站式满足市民多种沉浸式娱乐休闲需求。场馆共有6个沉浸式光影展厅,约300台光影和互动设备能够为游客带来前所未有的视觉沉浸感和虚拟现实交互体验。展览每季度更换一期,目前正在运营的是场馆首期光影展览"生生不息——时空的理想之旅",展览分为"起源""飞天""礼乐""和美""幻视""征途"6个单元,是以中华优秀传统文化、红色文化为内容基础,通过多媒体数字技术打造的弘扬"中国精神"的沉浸式光影展览。位于场馆1层的真读书房,还是石景山区图书馆的分馆,可为市民提供免费的阅读服务。但是,由于该馆基本无藏品,不符合博物馆备案的藏品要求。经相关部门协调,拟由市、区有关部门对该馆组织开展业务指导和培育,以现有展览对社会开放,同时加强藏品征集和复制等工作。

三、"类博物馆"的发展趋势

作为一种独具特色的"草根型"文化空间,"类博物馆"虽然不是博物馆,在专业性和精致程度上也明显弱于博物馆,但是由于其与日常城市生活的结合更紧密,也具有较强的随意性,往往能够产生预料之外的新颖性,这正是文化创新的源泉所在。在调研中,有关专家一致认为现有的

"类博物馆"从整体上看收藏品类丰富，举办主体多元，具有较强的社会责任感，并在城市文化建设中发挥了积极的作用。"类博物馆"办馆主体包括政府机构、学校、国有企业、街道、军队等国有机构，私营企业及个人等非国有主体，以及村集体等不同属性的单位，各类主体大都乐于将所办场馆作为公共文化空间免费开放，并着力发挥其社会教育功能，呈现出良好的文化氛围和充沛的文化活力。但是，由于"类博物馆"多为自行开放，无业务主管部门指导，未登记为法人单位，其机构整体呈无序发展态势，存在监管空白隐患。

正如美国城市规划专家简·雅各布斯（Jane Jacobs）所说过的："人们需要漫步在一座城市的街道上来体验她的神韵。不同文化设施具有不同的价值取向，体现城市精神的多样性，这正是城市活力的所在。"在城市更新的进程中，应当重视"类博物馆"资源的调查梳理，建立"类博物馆"培育机制，将其纳入"博物馆之城"的总体规划范畴，通过分类引导、重点培育，使一批兼具文化特色和成长潜力的"类博物馆"不断发展，可以将其作为一种具有活力的文化要素，注入更新改造后的文化街区，使其成为一种灵动、多彩而又广泛存在的城市文化空间，成为文化多样性和包容性的重要载体。

第八章 博物馆之城的评价指标

如何界定一座城市能否成为"博物馆之城",如何评价一座城市开展"博物馆之城"建设的进展成效,既是博物馆学的问题,也是城市规划学的问题。科学解答这两个问题,构建一套客观公允的"博物馆之城"建设成效评价体系,有助于指导各地"博物馆之城"的健康发展,有助于推进相关城市博物馆事业高质量发展,也有助于提高城市的宜居性和发展的可持续性。

一、文化城市的评估实践

关于城市的统计和评估,是近年来城市规划和管理领域的研究热点。科学、有效的城市评估,可以顺应城镇化发展规律,整体性、系统性地认识规划建设管理全过程工作,通过科学的诊断分析方法,识别既有和潜在的"城市病",为推动建设安全韧性、生态宜居、繁荣活力、包容共享、各具特色的现代化城市提供科学决策依据。

随着"文化城市"概念的提出并被全世界普遍接受,世界各国的学者都开始探索建立对于文化城市的评估体系,即将文化作为城市的一个重要资源和功能,开展计量和评价的活动。文化城市的理念和指标不是孤立的,不是与其他城市指标截然不同的,而是如同心圆一样,与城市多方面的功能和要求相互渗透,吸收了其他城市的评估理念和指标,相互包含,互为借鉴。

(一)世界遗产城市评估

世界遗产城市是指城市类型的世界遗产,其性质类似于中国的"历史文化名城"。世界遗产城市组织（Organization of World Heritage Cities，简称OWHC）是由世界遗产城市联合成立的国际性组织。该组织1993年成立于摩洛哥，由拥有世界遗产的121个国家的332座城市组成，巴黎、罗马、维也纳、莫斯科、京都等著名世界遗产城市均在其中。我国的苏州、都江堰、澳门为世界遗产城市组织正式会员城市，丽江、承德、平遥、厦门、彭州为观察员城市。

2018年10—11月，世界遗产城市组织第三届亚太区大会在苏州举行，形成并发布了《苏州共识》，呼吁各遗产城市应培育全民遗产保护意识，强调城市遗产的保护是一个长期而系统的过程，应正确处理好遗产城市保护和城市发展的关系。并提出，保护城市原有风貌不应该是简单的模仿或复古，新颖、有品质的新建筑设计应该被接受和倡导，要重视对新的城市精神、城市文化、城市品格的构建和培育。

当年，世界遗产城市组织开启了"世界遗产典范城市"的评选，苏州凭借在世界文化遗产保护工作中的不懈努力与杰出成就，成为全球首个"世界遗产典范城市"。

（二）波士顿大都会文化指标体系

波士顿大都会文化指标（Cultural Indicator of Boston Metropolitan）是美国"社区营造艺术与文化指标计划"的系列成果之一，由洛克菲勒基金会与全国邻里指标协会于1996年共同发起制定。该指标旨在探讨城市艺术、文化指标对整个城市活力的影响，认为艺术、文化与创意表现是社区发展好坏的重要决定因素，一个健康的居住地应该给予人们参与艺术、文化和创意表现的机会。以此为前提，在总体框架上肯定了艺术的作用和文化大都市气质构成的固有内容，进而探讨这些内容表现在哪些方面。波士顿大都会文化指标的测量内容主要由艺术与文化机构的现况、文化参与、艺术与文化参与的影响、资助系统四部分构成。其目标分为7个板块，分别是关于波士顿竞争优势的贡献、波士顿作为一个令人兴奋的区域观光目标、波士顿艺术组织对社区生活的影响、文化多样性表现的活力、艺术教育的机会、文化参与的机会与公平性、公共资金与资助对于艺术的作用(见图表1)。

图表1　波士顿大都会文化指标

目标	测量指标
①波士顿竞争优势的贡献	指标1:波士顿"创意指标"排名与其他主要城市的比较
	指标2:"创意群聚"产业对经济的影响
	指标3:文化部门的基金与其他大都会地区的比较
②波士顿作为一个令人兴奋的区域观光目标	指标1:在波士顿,人均非营利艺术组织数
	指标2:参与波士顿文化事件与展览的人数
	指标3:对当地与区域观光业的影响
③波士顿艺术组织对社区生活的影响	指标1:波士顿艺术与文化设施的分布,与波士顿儿童的集中化之间的关系
	指标2:邻里、艺术家与游客在波士顿开放工作室(Open Studios)方面的参与程度
④文化多样性表现的活力	指标1:文化连续体的线上调查(Online Cultural Continuum Survey)
	指标2:具有人口代表性的文化制度领导能力
	指标3:邻近地区的节庆与庆典
⑤艺术教育的机会	指标1:波士顿公立学校(BPS)视觉艺术、音乐与戏剧课程的教师人数
	指标2:课外时间参与艺术计划的学生人数
	指标3:颁发视觉与表演艺术文凭学校的学生人数
⑥文化参与的机会与公平性	指标1:文化设施的座位/人口比率
	指标2:波士顿文化机构与展演场所提供免费或折扣门票的情况
	指标3:残障人士得到文化设施的机会渠道
	指标4:关于文化与艺术活动和计划的全面资讯
⑦公共资金与资助对于艺术的作用	指标1:艺术与文化组织中义工的发展状态
	指标2:专门从事艺术工作的单位
	指标3:联邦、州以及城市提供的艺术基金

从总体上看，波士顿大都会文化指标是针对波士顿的城市特色总结出的一套文化城市指标，由于其发端较早，对于全球其他地方的文化城市建设具有一定的参考作用。21世纪初，我国香港、台湾地区智库也分别依据波士顿大都会文化指标设计了各自的城市文化评估指标。2018年，上海市也参考该指标设计了第八届上海市重大文化活动评估指标的相关内容。

（三）中国博物馆区域发展指数

2022年"5·18"国际博物馆日，新华社瞭望智库发布《中国博物馆区域发展指数报告》，以大量数据反映我国博物馆发展现状，多方位展示近年我国博物馆事业发展的现状，为激发我国博物馆发展活力、实现博物馆高质量发展提供参考。

该报告以数据"鸟瞰"中国博物馆事业的发展状况，从规模、质量、公益三个维度对全国31个省、自治区和直辖市博物馆发展水平进行综合评估并提出相关建议（见图表2）。"指数"所涉及的具体指标包括规模指数、质量指数和公益指数三个分支。规模指数下设博物馆数量、年参观量、从业人数等评价指标；质量指数下设定级博物馆数量、定级博物馆占本省（自治区、直辖市）博物馆比例、全部藏品数量、馆藏珍贵文物数量等评价指标；公益指数下设万人拥有一座博物馆、平均全年开放天数、免费开放占比、社教活动场次等评价指标。"指数"评价数据来源于国家文物局全国博物馆年度报告信息系统及国家统计局网站。

报告显示，十八大以来，中国文博事业实现了井喷式发展。截至2020年，全国已实现平均每25万人拥有一座博物馆的"十三五"目标，其中甘肃、宁夏、陕西、内蒙古、北京等省（自治区、直辖市）达到了平均11万—13万人就拥有一座博物馆；全国超过90%的博物馆实现了免费开放，海南省100%免费开放，越来越多的群众能方便地享受博物馆的服务和资源。

二、城市评估体系中的博物馆建设指标

对于城市某一领域的建设状况、建设水平进行评价，在实践中是一个

图表2 中国博物馆区域发展指数指标体系

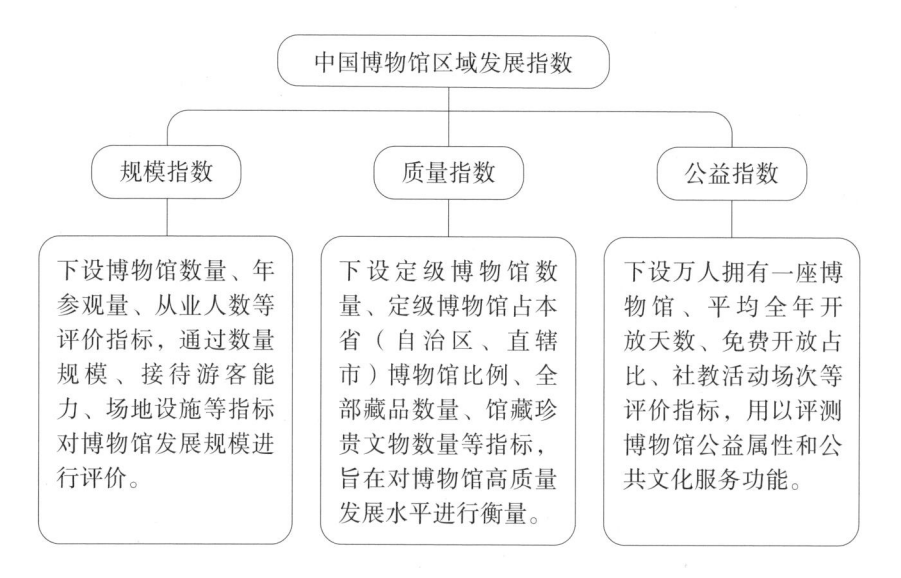

```
                    中国博物馆区域发展指数
         ┌──────────────────┼──────────────────┐
      规模指数            质量指数            公益指数
```

- **规模指数**：下设博物馆数量、年参观量、从业人数等评价指标，通过数量规模、接待游客能力、场地设施等指标对博物馆发展规模进行评价。

- **质量指数**：下设定级博物馆数量、定级博物馆占本省（自治区、直辖市）博物馆比例、全部藏品数量、馆藏珍贵文物数量等指标，旨在对博物馆高质量发展水平进行衡量。

- **公益指数**：下设万人拥有一座博物馆、平均全年开放天数、免费开放占比、社教活动场次等评价指标，用以评测博物馆公益属性和公共文化服务功能。

非常复杂的问题，针对城市建设发展的不同方面，国家先后制定出台了针对国土空间规划城市体检评估、文明城市测评、国家公共文化服务体系示范区（项目）创建、新型智慧城市、国家园林城市、国家森林城市、全国健康城市等方面的专业评价体系。认真梳理现有的各类城市评价指标，可以发现一些综合性的城市评估指标、标准已经将城市文化、文物保护、博物馆建设作为评价城市发展水平的重要方面，其相关评价指标内容和评价手段方法，对于指导"博物馆之城"建设和"博物馆之城"建设成效评价体系设计都具有重要的参考价值。

（一）国土空间规划城市体检评估

国土空间规划城市体检评估，简称"城市体检"，是指按照统一的体检评估规程，对城市发展阶段特征及总体规划实施效果定期进行分析和评价，是促进城市高质量发展、提高国土空间规划实施有效性的重要工具。城市体检作为统筹城市规划建设管理、推进实施城市更新行动、促进城市开发建设方式转型的重要抓手，旨在建立发现问题、整改问题、巩固提升的联动工作机制，精准查找城市建设和发展中的短板与不足，及时采取有针对性措施加以解决，防治"城市病"，推动城市健康发展。

2021年，自然资源部发布了《国土空间规划城市体检评估规程》（TD/T 1063-2021，简称《规程》），从安全、创新、协调、绿色、开放、共享6个维度设置了城市体检评估的具体指标，涵盖生态、生产、生活等方面。其中基本指标33项，如人均年用水量、地下水水位、耕地保有量、建设用地总面积、城市常住人口密度等，是各个城市进行体检评估时的必选项。还有89项推荐指标，各城市可以根据自己的发展阶段和重点任务选择使用。围绕这些指标，城市可以与其他城市做横向比较，也可以与自己的过去做纵向比较，找差距、找短板。城市体检的很多指标都来自人民群众的日常生活，作为群众文化生活的重要内容，文化遗产、博物馆建设、文化展览等均在不同的指标中有所反映。

例如，共享—宜乐部分的推荐指标B-84是"每10万人拥有的博物馆、图书馆、科技馆、艺术馆等文化艺术场馆数量（处）"，关于此项指标的评价方法，《规程》要求："指每10万常住人口拥有的博物馆（包括文物馆、天文馆、陈列馆等综合或专项博物馆）、图书馆、科技馆、艺术馆（如美术馆、音乐厅）等文化艺术场馆数量。以上场馆为同一建筑空间的，不重复统计。"此外，推荐指标B-63"国际会议、展览、体育赛事数量（次）"，推荐指标B-78"社区文化活动设施步行15分钟覆盖率（%）"，基本指标A-06"历史文化保护线面积（平方千米）"，推荐指标B-10"自然和文化遗产（处）"，推荐指标B-11"破坏历史文化遗存本体及其环境事件数量（个）"等也都与"博物馆之城"建设密切相关。

（二）全国文明城市测评

全国文明城市，简称"文明城市"，是指在全面建设小康社会中市民整体素质和城市文明程度较高的城市。全国文明城市称号是反映我国城市整体文明水平的最高荣誉。全国文明城市主要依据《全国文明城市测评体系》进行测评优选，测评方式主要采用听取汇报、材料审核、问卷调查、网络调查、实地考察、整体观察6种方法。2021年版的《全国文明城市测评体系》包括9个测评项目，72项测评内容，140条测评标准。9个测评项目，简称为"八大环境一项活动，外加特色指标"，即廉洁高效的政务环境、民主公正的法治环境、公平诚信的市场环境、健康向上的人文环境、有利于青少年健康成长的社会文化环境、舒适便利的生活环境、安全稳定的社会环境、可持续发展的生态环境、扎实有效的创建活动。影剧院、图书馆、纪念馆、博物馆等文体设施的建设情况、文明环境均是测评体系的重要方面。在中央文明办、国家文物局的共同努力下，2016年首次将文物工作纳入全国文明城市测评体系，作为推进文化建设、优化人文环境的重要考核内容。

（三）国家公共文化服务体系示范区（项目）创建

国家公共文化服务体系示范区是指结合当地实际，坚持公益性、基本性、均等性、便利性，在满足群众基本文化需求的基础上，积极探索如何形成网络健全、结构合理、发展均衡、运行有效、惠及全民的公共文化服务体系，进一步推动公共文化服务广覆盖、高效能，为构建基本完善的公共文化服务体系提供实践示范和制度建设经验的地区。根据文化和旅游部制定的《国家公共文化服务体系示范区（项目）创建标准》，"公共图书馆、文化馆（站）、博物馆、美术馆、剧院等公共文化设施完善，布局合理，网络健全，符合国家相关建设标准"是国家公共文化服务体系示范区（项目）创建的首要标准。另外，对于公共文化设施网络建设、公共文化服务供给、公共文化服务与科技融合发展、公共文化服务社会化建设、公共文化服务体制机制建设、公共文化服务保障等方面，该标准均有明确要求。

三、"博物馆之城"建设成效评价体系构建

科学评价"博物馆之城"的建设成效，首先要合理构建一套符合城市发展和博物馆学双重规律的评价体系。城市作为一个综合系统，存在着复杂的经济体系、社会体系和历史文化体系，在建设"博物馆之城"的进程

中，需要结合城市定位、文化特色、文化遗产资源、市民文化需求科学制定"博物馆之城"的建设规划，并统筹协调地方党委政府、主管部门、社会力量共同参与，实现全民支持、共建共享的良好局面，以实现推动城市可持续发展的目标。建立科学、合理、客观的"博物馆之城"建设成果评价机制，对"博物馆之城"建设进展情况进行跟踪监测、定期评估，有利于引导城市准确设定"博物馆之城"的建设目标，构建符合城市定位的博物馆体系，将文化作为城市发展战略的重要组成部分，使博物馆成为城市文化建设与可持续发展的重要动能；有利于引导城市更好发挥博物馆与文化遗产作为城市文化资产的重要作用，将博物馆与文化遗产融入城市产业生态和市民生活，发挥其作为文化空间、文化场景的优势功能，实现阐释城市精神、展现城市文化、赋能城市发展的目标；有利于引导城市博物馆建设、运营与城市文化底色、发展目标相统一，建设特色鲜明、亮点纷呈的城市博物馆体系，并通过多种类型的类博物馆文化空间和城市空间泛博物馆化发展，形成丰富多彩博物馆文化圈，构建"城市即博物馆"的博物馆型城市。

（一）评价原则

制定一个科学合理的评价机制，首先要有一个明确的评价原则，比如在管理学领域，经常使用SMART原则来确立某一领域的评价指标，要求被评价的内容是具体的（Specific）、可量化的（Measurable）、可实现的（Attainable）、相关联的（Relevant）和具有时限性的（Time-bound）。对于城市评价而言，根据评价内容的不同，评价原则也不尽相同。例如，国家公共文化服务体系示范区创建坚持公益性、基本性、均等性、便利性的原则；《新型智慧城市评价指标（2016）》将新型智慧城市评价的原则确定为"以人为本、服务导向、客观准确、全面有效"，核心是以人为本。

我们将"博物馆之城"作为一种城市发展模式，而不是某种作为结果的理想城市形态，评价"博物馆之城"建设成效的重点应当包括博物馆、城市与人，其中人是最基本的要素。确立"博物馆之城"建设成效评价体系应当遵循以人为本、品质优先、科学合理、全面系统的基本原则。

1. 以人为本：人是城市的主体，人的生存和发展、工作和生活是城市发展的根本目的和衡量标准。当代社会发展理论认为，社会的发展是以人的全面发展为核心的，而人的全面发展是一个多方面、多层次的问题，如基本需要的满足、素质的提高、潜力的发挥等。城市管理最终的出发点和归宿都应该在人，为人的全面发展提供一切有利条件、结构、机制和环境。因此，评价"博物馆之城"建设成效，要尽可能地选取与人的关系密切的内容，着重体现人与博物馆相关的要素，反映城市居民对博物馆的主客观感受。

2. 品质优先：把高质量发展作为"博物馆之城"建设成效评价的基本标准，通过评价指标设计，将新发展理念贯穿"博物馆之城"建设全过程和各领域，构建新发展格局，推动城市博物馆体系实现质量变革、效率变革、动力变革，树立以提高质量为核心的博物馆发展观，建立以提高"博物馆之城"品质为导向的管理制度和工作机制。

3. 科学合理：评估选取的指标必须科学地反映"博物馆之城"建设的水平，立足于博物馆学、城市规划学、管理学等多学科视角，具有充分的理论依据，不能选择没有实际意义的指标，影响评价的整体效果。在制定评价指标时，要因地制宜、因时制宜，考虑到指标数据的简明扼要，条目名称要简单易懂，数据要易查易算，各项指标要尽可能规范而实用。

4. 全面系统：一个城市是一个大系统，包括资源、人才、技术、产业、管理等子系统。"博物馆之城"建设成效评价是一种针对城市发展进行的绩效评价，必须坚持系统观念，从系统的角度出发，在系统的相互关联、相互制约中描述系统的特征。将"博物馆之城"作为一个整体，从城市发展的可持续性、城市的竞争力出发，对城市博物馆体系、文化资源体系、文化活动体系做出整体的分析和评价。

（二）评价方法

在现代管理学视野下，建构针对城市的评价体系，在评价方法上往往包括定性方法和定量方法两个方面，多以定性方法为主，定量方法为辅。

定性方法主要包括通信评估、随机调查、焦点小组访谈、个人深入访谈等，而定量方法则有离散趋势、相关系数法、聚类分析、主成分分析与因子分析等。对于"博物馆之城"建设成效的评价，也应该在梳理汇总城市文化发展数据资料的基础上，综合运用定性方法和定量方法，建立科学有效的评价方法机制。

1. 数据采集

"博物馆之城"建设成效评价的数据，主要可以通过两个方式进行采集。

一是尽量利用现有权威的统计资料，对已有数据进行收集和整理。由文化和旅游部、国家文物局组织编制的《中国文化文物和旅游统计年鉴》系列图书，系统收录了全国和各省、自治区、直辖市文化、旅游、文物、博物馆等方面的统计数据，是全面反映各地文化建设和旅游发展情况的综合性统计资料，可以视为开展相关评价的基础。2021年2月，国家文物局办公室首次印发了《博物馆信息公开指引（试行）》，并通过"全国博物馆年度报告信息系统"（详见http://nb.ncha.gov.cn）集中收集、发布了全国备案博物馆的基础信息、资源信息、服务信息和管理信息，该数据可以作为"博物馆之城"建设成效评价的重要依据。除此之外，"博物馆之城"建设成效评价还可以综合参考各大舆情平台和百度、微信等公众社交媒体发布的舆情和影响力信息，以及携程、马蜂窝等旅游平台发布的口碑评价信息。

二是网络公开数据中暂缺的信息，可以委托第三方调查机构通过被评价城市的文物部门、文化旅游部门、博物馆行业组织进行搜集获取，或通过观众抽样调查、公众访谈、在线调查等方式取得。有些数据要经过多次处理才能获得，逐步形成"博物馆之城"基础数据库。在获得相关评估数据后，必须对数据信息进行甄别和标准化处理，才能投入评估分析应用。

2. 定性评估

定性评估是不采用数学的方法，而是根据评估者对评估对象的平时表现、现实状态或文献资料记录的观察和分析，直接对评估对象做出定性结论的价值判断。在针对城市的评估评价活动中，定性评估强调观察、分析、归纳与描述。

在"博物馆之城"建设成效评价中，定性评估是整个评估流程的环节之一，需要结合评估中搜集获取的文字资料和基础数据，由评估专家依据指标要求，综合判断评估对象城市在博物馆体系、博物馆功能、博物馆产品、博物馆文化等方面的发展状况，并给出评估意见。

3. 定量评估

定量评估是指依据统计数据，建立数学模型，并用数学模型计算出分析对象的各项指标及其数值来评估分析的一种方法，与主要凭评估者的直觉、经验进行分析的定性分析相对应。

在"博物馆之城"建设成效评价中，定量评估作为与定性评估相对应的工作环节，由评估机构针对评估对象城市在博物馆体系、博物馆功能、博物馆产品、博物馆文化等方面可以量化的数据指标，结合公开获取的统计数据进行汇总统计和比对核查，通过计算形成定量评估结果。

四、"博物馆之城"建设成效评估指标构成

文化是一个国家和民族的灵魂，是最能触动人心灵的柔软的东西。每个城市也都有自己独特的文化。博物馆不仅是城市历史的容器，也是城市精神和文化的载体，彰显着城市的文化品位。当前，伴随着我国经济的快速发展、城市化水平的不断提高，越来越多的地方选择将"博物馆之城"作为一张城市名片，扮演文化地标的角色，展现历史文化、特色产业、文化景观等城市形象。

评价"博物馆之城"的建设成效，应当以习近平新时代中国特色社会主义思想为指导，深入贯彻习近平总书记关于博物馆工作的重要论述和重要指示批示精神，坚持以人民为中心，坚持新发展理念，坚持创造性转化和创新性发展，牢牢把握城市战略定位，紧紧围绕城市总体规划确定的基本格局和总体框架，科学设立评价指标，积极推动将博物馆事业主动融入城市经济社会发展大局，促进博物馆之城建设，为满足人民美好生活需要

贡献力量。

（一）定性指标

"博物馆之城"建设成效评估指标的定性评价部分，可从博物馆体系、博物馆功能、博物馆产品、博物馆文化四个方面展开，以同行专家评分的形式，分别考察以下内容：

1. 博物馆体系建设

（1）博物馆之城的空间布局：侧重考察城市博物馆布局合理程度，与城市总体规划的契合程度，与市民文化生活需求的契合程度。

（2）博物馆数量、规模：侧重考察城市范围内博物馆总体数量，以及建筑面积、展厅面积、库房面积等关键规模指标与城市人口、文化资源规模的契合程度。

（3）博物馆类型结构：侧重考察博物馆品类分布情况，历史、艺术、科学、革命纪念、考古遗址等不同类型博物馆的均衡性，以及与城市文化特色、文化资源、品牌形象的适应程度。

（4）博物馆层次结构：侧重考察大、中、小型博物馆构成结构，以及国家一、二、三级博物馆数量占比情况。

（5）博物馆聚集区建设：侧重考察博物馆街区、博物馆小镇、博物馆公园等不同类型的博物馆聚集区建设及管理运行情况。

（6）重点博物馆建设：侧重考察品牌性、地标性博物馆建设情况。

2. 博物馆功能发挥

（1）藏品征集保护情况：侧重考察城市范围内博物馆对城市文化遗产资源的调查、征集、保护工作，特别是收藏总体规模和藏品保护修复工作能力。

（2）学术研究工作情况：侧重考察城市范围内博物馆整体科研能力，特别是学术带头人、学术创新团队、科研机构建设、科研成果产出情况。

（3）智慧博物馆建设情况：侧重考察城市范围内博物馆智慧化建设的总体水平，以及城市信息化总体规划在博物馆领域的实施情况。

（4）博物馆文化交流：侧重考察城市范围内博物馆与国内、国外博物馆交流合作的总体情况，特别是开展国际化学术交流、输出展览产品等情况。

3. 博物馆产品供给

（1）陈列展览情况：侧重考察城市范围内博物馆整体策展能力水平，展览产品产出能力，城市特色展览体系构建情况。

（2）社会教育情况：侧重考察城市范围内博物馆学术合作，博物馆教育覆盖不同年龄层次人群，以及博物馆输出教育课程、教育活动、研学旅行等特色教育产品的情况。

（3）文创产业发展情况：侧重考察城市范围内博物馆研发、推广、营销文化创意产品的整体情况，包括以授权等形式输出文化资源推动城市文化创意产业发展的情况。

4. 博物馆文化营造

（1）博物馆文化消费新业态培育情况：侧重考察博物馆与文化、旅游、科技、商业、教育等业态相结合，培育博物馆文化消费新业态的情况。

（2）博物馆传播推广：侧重考察主流媒体报道博物馆及其文化活动，博物馆输出线上、线下文化传播产品的情况。

（3）博物馆协作机制：侧重考察城市博物馆主管部门推动博物馆改革创新，在馆际间构建协作机制，支持博物馆事业可持续发展的情况。

（4）博物馆事业社会化情况：侧重考察城市博物馆建立社会动员机制，创新内部管理，加强志愿者和博物馆之友队伍建设，引导社会力量支持博物馆建设、运营的情况。

（二）定量指标

"博物馆之城"建设成效评估指标的定量评价部分，也要从博物馆体系、博物馆功能、博物馆产品、博物馆文化等方面入手，对以下数量指标进行统计、考察：

1. 博物馆总量：城市范围内备案博物馆的总数，以个为单位。

2. 人均拥有博物馆数量（万人）：对比城市人口数量，计算城市范围内博物馆与人口之间的比值关系，具体测算每万人拥有博物馆的数量，以个为单位。

3. 世界一流博物馆数量：纳入国家文物局中国特色世界一流博物馆创建计划的博物馆数量，以个为单位。

4. 定级博物馆数量：被中国博物馆协会评定为一、二、三级博物馆的总数，以个为单位。

5. 博物馆聚集区数量：包括博物馆街区、博物馆小镇、博物馆公园等不同类型的博物馆聚集区的数量，以个为单位。

6. 近10年新建博物馆数量：评估年度前10年新建和改扩建博物馆建筑的总数量，以个为单位。

7. 全市博物馆总面积：全市博物馆建筑面积的总和，以平方米为单位。

8. 博物馆展厅总数：全市博物馆拥有展厅数量的总和，以个为单位。

9. 博物馆展厅总面积：全市博物馆拥有展厅面积的总和，以平方米为单位。

10. 博物馆库房总数：全市博物馆拥有库房数量的总和，以个为单位。

11. 博物馆库房总面积：全市博物馆拥有库房面积的总和，以平方米为单位。

12. 博物馆教育空间数量：全市博物馆拥有教育空间（包括教室、多功能厅、青少年活动室、游乐室、手工制作室等）数量的总和，以个为单位。

13. 博物馆教育空间总面积：全市博物馆拥有教育空间面积的总和，以平方米为单位。

14. 全市人均占有博物馆空间面积：对比城市人口数量，计算城市范围内博物馆总面积与人口之间的比值关系，具体测算每人占有博物馆馆舍面积的数量，以平方米为单位。

15. 全市中小学生平均占有博物馆教育空间面积：对比城市在校中小

学生数量，计算城市范围内博物馆教育空间面积与在校中小学生之间的比值关系，具体测算每名学生占有博物馆教育空间面积的数量，以平方米为单位。

16. 单位面积馆舍文物载荷：对比全市博物馆藏品总量，计算城市范围内博物馆总面积与藏品总量之间的比值关系，具体测算每平方米馆舍承载文物的数量，以件（套）为单位。

17. 全市博物馆藏品总量：全市博物馆已经入藏的藏品总数，以件（套）为单位。

18. 全市馆藏珍贵文物总数：全市博物馆已经入藏的珍贵文物总数，以件（套）为单位。

19. 全市博物馆科研机构总量：全市博物馆内设和独立设置科研类机构总数，以个为单位。

20. 全市博物馆从业人员总量：全市博物馆在岗工作人员总数，以人为单位。

21. 全市博物馆专业技术人员总量：全市博物馆专业技术人员数量，以人为单位。

22. 全市博物馆高级专业技术人员总量：全市博物馆工作人员中，持有高级职称人员总数，以人为单位。

23. 全市博物馆志愿者总量：全市博物馆登记志愿者总数，以人为单位。

24. 全市博物馆每年举办展览数量：包括基本陈列和临时展览，以个为单位。

25. 全市博物馆每年举办国际交流展览数量：包括入境和出境展览，以个为单位。

26. 全市博物馆每年举办教育活动数量：包括教育课程、教育活动、研学旅行等各类教育活动，以个为单位。

27. 全市博物馆每年推出文创产品种类：包括各类文创产品，以种为单位。

28. 全市博物馆每年推出线上传播产品数量：包括短视频、视频直播、H5、小程序、游戏等各类线上传播产品，以个为单位。

29. 全市博物馆年度观众总量：全市博物馆到馆观众统计数据，以亿人次为单位。

30. 全市博物馆青少年观众总量：全市博物馆18岁以下青少年观众总数，以万人次为单位。

31. 全市博物馆海外观众总量：包括国际及港澳台地区观众总数，以万人次为单位。

32. 常住人口年均参观博物馆次数：博物馆一年的观众总数（以人次为单位）与城市常住人口的比值。

33. 旅游人口/博物馆观众转化率：博物馆观众（以人次为单位）与城市旅游人口的比值。

以上仅是对"博物馆之城"建设成效评估指标的初步设计，开展相应评估工作时还需要对指标项目进行深化设计，明确各指标项在评估中所占的权重；并对数据资料采集的范围、周期、分析方法以及申报资料格式等加以进一步明确，同时编制定性评估的评分方法细则、专家遴选标准和定量评估的取得计算规则等，才能够对"博物馆之城"建设成效进行客观准确的评估。

对"博物馆之城"建设成效进行评估，不是一次性、一阵风式的大评比，而是需要一个相对较长周期的跟踪监测。参考国际有关城市竞争力的评价方法，一般需要连续跟踪收集多个比较城市3—5年的数据资料后，才能进行深入分析，根据一定周期内指标的起落变化，判断"博物馆之城"建设现状与发展趋势。

对"博物馆之城"建设成效进行评估的最大意义在于，在分析指标增长变化的趋势中，深入探究博物馆这一文化要素在不同类型城市建设发展中所发挥的作用，将不同城市博物馆建设、运营方面的规划、策略以及实施情况放置在同一平台上进行比较，审视其相互关系和内在联系，指导各城市更好地制定和改进博物馆建设策略和管理政策，更加有效地发挥博物馆和相关文化资源的作用，推动城市可持续发展，让博物馆真正成为城市文化、经济、社会发展的"推进剂"。

第九章　博物馆之城的实践案例

一、北京

北京作为世界著名古都和国家历史文化名城，拥有3000多年建城史、860多年建都史。悠久的历史传统与丰富的文化遗产，是首都北京的一张金名片，也是加强文物、博物馆工作，促进文化发展和城市建设的宝贵资源。数据显示，截至2021年末，北京市共有204家各类博物馆，每年平均举办展览600多项，年均接待观众超过5000万人次。从管理属性来看，全市共有央属博物馆65家、市属47家、区属47家、非国有45家；从质量等级来看，有一级博物馆18家、二级博物馆10家、三级博物馆11家，国家一级博物馆数量居全国首位；从博物馆数量、密度、布局、办馆水平、发挥公共服务效能来看，已经形成了全国规模最大、实力最强的城市博物馆集群。

党的十八大以来，北京全面贯彻落实习近平新时代中国特色社会主义思想和习近平总书记对北京重要讲话精神，按照"四个中心"城市战略定位，提出了建设全国文化中心的战略构想，并将"打造布局合理、展陈丰富、特色鲜明的博物馆之城"作为推进全国文化中心建设的一项重要任务。站在"两个一百年"历史交汇期，立足北京建设"博物馆之城"是建设具有强大凝聚力和引领力的社会主义意识形态任务的必然要求，是加快构建新发展格局、落实新发展理念的必然要求，是更好满足人民精神文化生活新期待的必然要求，是推动博物馆事业高质量发展的必然要求。

立足北京建设"博物馆之城"，是深入贯彻落实习近平新时代中国特色社会主义思想的生动实践。通过打造多层次、全类型、广布局的博物馆体系,记录和见证党带领人民波澜壮阔的革命、建设、改革历史,建设社会主义现代化国家的光辉历程。北京地区的第一座博物馆肇始自1912年6月,100多年来北京地区博物馆走过一条由不懈探索、曲折前行到快速发展,再到数量激增,逐步转入质量提升,并向国际博物馆标准靠拢的专业化、特色化、国际化之路,目前已经进入历史上最好的发展阶段。目前,北京市博物馆总数已达204家,平均每10万人拥有一座博物馆;从地域分布上看,北京市16个区均有博物馆,东城等核心城区每10万人拥有博物馆数量达到3—4家,有效保证了人民群众的公共文化权益。

立足北京建设"博物馆之城",是传承中华文化底蕴,坚定文化自信的具体体现。建设博物馆之城,就是要充分发挥博物馆的教育功能,荟萃中华优秀传统文化,彰显中华民族悠久历史,以一座座博物馆和一件件文物,向世界证明中华文化之自信、中国制度之优势、中国理论之深厚、中国道路之坚定,更好地构筑中国精神、中国价值、中国力量。近年来,博物馆在弘扬中华优秀传统文化、推动经济社会发展中的作用持续显现。一方面,博物馆数量快速增长,功能质量逐步增强。社会各方面力量兴办博物馆的热情不断高涨,多种类型博物馆竞相辉映,一批新馆、大馆相继建成,多座国家级、市区级博物馆完成改扩建重新开放。另一方面,博物馆收藏日益多元,文物保护利用能力不断提升。第一次全国可移动文物普查全面完成,北京市登录可移动文物数量和三级以上珍贵文物数量均居全国首位。北京市博物馆大数据平台正式上线,博物馆文化资源大数据初步形成。全市博物馆藏品总数已达1625.5万件(套)。

立足北京建设"博物馆之城",是加强首都"四个中心"建设的重要布局。全国政治中心、文化中心、国际交往中心、科技创新中心是党中央对北京的鲜明城市定位。首都一切工作都是围绕建设"四个中心"展开,在提升城市核心功能上落脚。推动建设"博物馆之城",既要突出政治属性,全面展现北京作为政治中心,在百年党史、70多年新中国史和40多年改革开放史中的重要作用;也要强化文化价值,扩大文化有

首都博物馆外景

效供给，充分体现北京历史悠远、创新迸发、兼收并蓄的城市风貌；更要扩大国际影响，在意识形态斗争中掌握主动，以博物馆群塑造文化制高点，赢得文明话语权。目前，在全国文化中心建设的大背景下，在北京城市总体规划的指导下，北京"博物馆之城"建设形成了区域聚集的鲜明特色，东、西城作为首都功能核心区，利用腾退后的文物建筑、名人故居、会馆，建设各具特色的小型博物馆；朝阳区利用工业园区腾退空间和集体产业空间，建设了一批特色鲜明的主题博物馆；海淀区的高校依托所在学校资源建设高校博物馆；经开区鼓励企业兴办科普场馆，打造"科技馆之城"。市区属国有企业举办的企业博物馆、遍布乡村的乡情村史馆等不同形态的"类博物馆"成为不同行业和领域文化建设的重要基地，这些场馆成为所在区重要的特色文化名片。

立足北京建设"博物馆之城"，是满足人民群众美好生活新期待的有力举措。建设博物馆之城，就是要坚持以人民为中心，统筹、整合、协调、促进不同类型的博物馆发展，满足不同层次、不同需求、不同领域的群众需要，更好服务人民美好生活。当前，北京地区博物馆公共服务效能显著提升，给人民群众带来的获得感、幸福感不断增强，已经成为北京市民美好生活的一部分。全市博物馆持续开放基本陈列520个，年均举办临时展览600余项、各类活动逾千次，服务观众超过5000万人次，全市博物馆平均观众满意率达99.54%。文物部门通过精心策划，对全市博物馆资源进行梳理整合，打造一系列博物馆宣传品牌，塑造了北京地区博物馆整体形象，形成了群体效益。[1]

建设"博物馆之城"是建构城市文化、打造城市精神的重要方面，是推动"功能城市"成为"文化城市"的重要手段，是新时代城市建设、发展、治理的创新举措。当前，北京市委市政府高度重视博物馆事业发展，将博物馆之城建设列入"十四五"规划和推进全国文化中心中长期发展规划，并写入北京市"十四五"规划。"十四五"期间，北京将从以下几个方面入手，积极推进"博物馆之城"建设。

（一）加强和优化顶层设计

编制印发《北京博物馆之城建设发展规划》，加强对北京博物馆之城建设的发展定位、体系布局、功能发挥、体制机制等方面的顶层设计。研究制定关于《北京市关于鼓励社会力量兴办博物馆的若干意见》配套文件和政策，出台扶持社会力量兴办博物馆资金管理办法，制定北京市落实中宣部、国家文物局等九部委《关于推进博物馆改革发展的指导意见》的实施方案，制定"类博物馆"管理办法和配套文件，为北京地区博物馆事业营造良好的发展环境，推动北京"博物馆之城"建设。

（二）优化博物馆布局

依托"两轴三带"建构博物馆之城轮廓肌理，立足北京城市总体规划的空间布局特征，推动形成北京市地标性大型博物馆群落；支持东城、西城、朝阳等有条件的区实施"博物馆强区"战略；探索利用腾退文物

---

[1] 陈名杰：《奋力谱写北京博物馆之城建设新篇章》，《中国文物报》2021年6月22日第3版。

建筑、工业遗产、空置厂房等闲置空间及城市综合体,引入博物馆文化功能;鼓励非国有博物馆"抱团发展",形成一批博物馆聚集区;配合京津冀协同发展、北京城市副中心建设等国家重大战略,以及长城、大运河国家文化公园建设等国家重大文化工程,围绕古都文化、红色文化、京味文化和创新文化四大方面,支持、推动建设中国长城博物馆、国家自然博物馆、大运河博物馆、北京奥运博物馆、路县故城考古遗址博物馆等一批代表首都形象的现代化博物馆。

(三)提升博物馆发展质量

持续推动北京地区博物馆在场馆设施建设、藏品保护研究、陈列展示和免费开放、推动中外文化交流等方面不断取得新进展。推动博物馆树立专业化收藏理念,健全博物馆藏品管理和保护机制。充分利用国家文物保护专项经费、北京历史文化名城文物保护等专项经费,系统保护和修复国有馆藏文物。利用北京"两区"建设优势,搭建文物艺术品交流平台,有效增加博物馆的藏品来源渠道。排除体制机制障碍,着力提高博物馆文创能力和水平。提高展陈质量,举办"博物馆展览季活动",营造博物馆文化氛围。注重提高博物馆学理论研究水平,加强学科建设,与高校、科研机构等联合建立博物馆之城研究中心、研究院,促进北京博物馆之城建设的规范化。

(四)完善博物馆服务功能

结合"双减"政策,与市教委加强合作,搭建馆校合作平台,建立馆校合作机制,研究制定博物馆"教育专员"制度。深入推进博物馆进校园、进乡村、进社区等活动。实现部分博物馆错峰开放、延时服务。将博物馆融入15分钟公共文化服务生活圈,使博物馆之城真正贴近群众、贴近生活。探索博物馆服务标准化建设,推动博物馆在中华优秀传统文化的创造性转化和创新性发展中发挥重大作用。立足市属博物馆,以引领示范带动"一馆一品"博物馆品牌建设。

（五）推动博物馆融合发展

推动博物馆公共服务市场化改革，引入竞争机制，鼓励社会力量参与展览、教育和文创开发。搭建文创产业合作平台，打造更多具有首都特色、融合现代元素的文化IP，探索多渠道运营模式，完善博物馆文创产业发展。发展壮大博物馆之友和志愿者队伍，构建参与广泛、形式多样、管理规范的社会动员机制。大力实施"博物馆+"战略，找准博物馆与教育医疗、科技创新、旅游商业、传媒设计、城市规划等生活生产的契合点，倾听大众与小众的不同需求，研究适应引领文化心理变迁，促进博物馆与社会各界跨界融合。

二、西安

西安作为十三朝古都，历史文化资源丰富，拥有大量的历史古迹、红色革命遗迹、现代工业遗迹、非物质文化遗产，具有发展博物馆事业的丰厚资源基础。截至2021年底，西安博物馆数量已达126家，大约每6万人拥有一家博物馆，远高于全国平均水平。作为新生力量的非国有博物馆发展迅猛，数量已经超过50座，其中西安大唐西市博物馆是全国首家"国家一级"非国有博物馆。2022年4月28日，中国首座考古学科专题博物馆——陕西考古博物馆于西安建成并试行开放。博物馆室内展陈面积5800平方米，室外展陈区域1万平方米，共展出文物4218组5215件，包含多件以全新理念和先进技术进行保护修复的展品，如通过浇灌石膏液体获得完整形态的周代木俑、历经千年真颜仍驻的唐代牵驼俑，还有整体"打包"后完整搬进博物馆的西周时期车马坑和元代壁画墓。2022年4月初，改造升级后的西安博物院"新颜"迎宾，1100余件（套）馆藏文物精品在1300平方米的展厅全新亮相，战国金虎饰、汉代博戏人物铜镇、彩绘步兵俑等百余件（套）藏品首次在该馆基本陈列中与公众见面，更全面、丰富地展现了古都西安的历史文化精髓。据悉，2022年"五一"期间，这两座博物馆可谓人气爆棚，陕西考古博物馆更是"一票难求"，在国内主流媒体关注热议的同时，近420家海外主流媒体、门户网站第一时间刊登转载两大重磅博物馆开馆亮相的消息，全球访问量超过2.24亿人次。[1]与此同时，法新社、马新社、韩国NAVER等多家外媒纷纷关注到西安打造"博物馆之城"、大力发扬独特城市文化的相关举措。外媒报道指出，西安拥有3100年的城市发展史，与开罗、雅典、罗马并称为"四大历史古都"。如今，数千年的时光和历史印迹都浓缩在西安大大小小的博物馆中，涵盖了历史、艺术、自然科学等40多个类型。

2019年，《西安博物馆之城建设总体方案（2019—2021年）》出台，方案紧抓陕西"中华文明、中国革命、中华地理标识"的定位，围绕西安市第十三次党代会提出的"聚焦'三六九'，振兴大西安"奋斗目标，要求大力实施文化复兴工程，加强文物保护利用，传承历史文化遗产，建立西安博物馆群落，完善博物馆体系，提升博物馆质量，加快建设"博物馆之城"，打造"丝路文化高地"，使西安成为名副其实的"中华民族共有精神家园标识地"。[2]

西安博物馆之城的发展定位一是以建设中华文明精神家园标识地为引领，凸显西安"天然历史博物馆"的城市特质。深入挖掘并有效整合西安博物馆及各类文化遗产资源，系统梳理与展现城市文化脉络，全面修复城市文明肌理。通过对传统文化进行创造性转化、创新性发展，打造中华优秀传统文化传承发展基地，传承西安浓厚历史文化积淀所承载的中华优秀传统文化基因，塑造西安文化精神与城市品格，提升西安历史之都、文明之都、精神家园的核心价值。二是释放文化遗产资源优势，聚集形成丝路文化品牌。挖掘"张骞出使""昭君出塞"等丝路故事所承载的"丝路价值"，传播丝路文化，弘扬丝路精神。坚持用"马克思主义中国化+中华优秀传统文化现代化+世界优秀文化融合化"的发展理念，加快推进开放包容、多元互鉴的"丝路文化高地"建设，推进国家中心城市、国际化大都市建设。三是促进文化遗产资源优势转化，助推西安经济社会升级

---

[1] 王维佳：《发扬西安独特城市文化 彰显千年古都魅力》，《西安日报》2022年5月6日第3版。
[2] 西安市文物局：《西安博物馆之城建设总体方案（2019—2021）》，2020年6月1日发布，http://wwj.xa.gov.cn/xxgk/ghjh/5ff42b27f8fd1c596659c25b.html，2022年8月8日访问。

陕西历史博物馆全景

发展。充分发挥博物馆在推动社会发展进步中的重要作用，使文化遗产资源优势转化为推动西安城市发展的催化剂。推动文博事业与文化产业相结合，激发城市创造活力，推动文博与旅游融合发展，促进产业结构调整，助推产业转型升级。四是全面加强公共服务功能建设，构建中华民族共有精神家园。强化博物馆等文博机构的教育传播、研究展示职能，多视角、多维度地反映西安城市历史与文化核心价值，讲述好、传播好具有浓郁西安特色的中国故事。进一步扩大博物馆穿越"围墙"的文化渗透力和影响力，形成启迪民智、增强自信、净化心灵、资政育人的文化空间，使西安真正成为中华民族共有精神家园。

西安博物馆之城的发展目标主要有六个方面：

1. 资源利用合理有效。以博物馆、历史遗存、地域文化等为着眼点，对西安丰富的文物资源进行有效整合、科学保护、合理利用、传承发展，深入挖掘展示西安城市精神与核心价值，推动文物资源创造性转化、创新性发展。

2. 体系建设科学完备。大力推进各类博物馆建设，丰富博物馆体系，形成以国有博物馆为主导、行业博物馆为骨干、非国有博物馆为新生力量，各种所有制并举、门类新颖齐全、内容丰富多彩、布局科学合理、社会贡献度明显增强的博物馆事业发展新格局。至2021年，确保每年新增博物馆6—8座，2021年博物馆总量达到165座。

3. 服务能力明显增强。坚持以人为本的发展理念，发挥博物馆公共性、平等性、多元性的特点，强化博物馆社会责任，提升展示陈列水平，增强社会教育与文化传播功能，在为公众创造文化艺术体验空间的同时，增强公众对城市文化的认同感与自信心。至2021年，确保新增国家一级博物馆1—2座，二级博物馆3—5座，智慧博物馆8—10座。

4. 核心载体优势突出。依托西安得天独厚的区位优势，抢抓西安作为中华优秀传统文化、红色文化教育基地和彰显华夏文明的历史文化基地定位，大力挖掘整合博物馆、遗址公园、红色文化、工业遗产、历史片（街）区等为代表的特色文化资源，形成具有城市特色、文脉清晰的主题文化区域，打造展示西安城市文化与精神的核心载体。至2021年，确保新增五座标志性文化主题博物馆，两处工业遗产集中展示区，七处博物馆形态化展示遗址公园。

5. 内外交流丰富活跃。充分利用"一带一路"伟大倡议和西安建设"丝路文化高地"的有利契机，加强与国内外文博及相关文化机构建立长期交流合作机制，充分发挥国际古迹遗址理事会西安国际保护中心（IICC-X）丝绸之路信息管理系统的积极作用，与丝路沿线国家（城市）广泛开展文化交流展示活动，加强与国际国内友城博物馆交流，推动"一带一路"人文交流深度发展。

6. 创新发展稳步推进。依托博物馆事业发展平台，扩大文物资源社会共享开放，完善文博创意产业开发体系，打造优秀文创品牌，健全完善配套政策，不断满足人民群众日益增长的文化消费需求，为西安文化产业发展提供创新驱动力。至2021年，确保国有博物馆文创产品发展到30个类别、300个品种以上，非国有和行业博物馆文创产品发展到50个类别、400个品种以上。

西安博物馆之城总体布局将围绕"大西安"建设发展总体规划，按照"两轴一带、四心六区"的规划布局，通过实施文化遗产资源博物馆形态化展示、中华优秀传统文化传承基地建设、重要历史文化遗存地理标识工程等，搭建西安"博物馆之城"建设空间构架，丰富展示内容，完善传播体系，使西安真正成为一座"随时可闻、随地可见、随机可讲"的"天然历史博物馆"。其中，"两轴一带、四心六区"规划布局的"两轴"是指：城市东西、南北中轴线；"一带"是指：环山旅游带；"四心"是指：三学街——中华文明标识工程展示中心，八办、革命公园——中国革命红色文化展示中心，小雁塔——隋唐文明展示中心，半坡、纺织城艺术区——历史文化公园展示中心；"六区"是指：明城墙核心区，曲江文化产业聚集区，临潼国家旅游度假区，高新产业发展区，浐灞生态区，西咸新区。

西安博物馆之城建设主要包括十项工作任务，包括：（1）完善博物馆体系建设；（2）加强国有和行业博物馆建设；（3）加强非国有博物馆建设；（4）加强遗址类公园建设；（5）加强红色文化资源保护展示利用；（6）加强历史文化片（街）区的开发利用；（7）加强工业遗址保护利用；（8）大力发展文博创意产业；（9）促进国际国内文博交流；（10）加强人才队伍和智库平台建设。七大重点工程，具体为：（1）丝绸之路人文交流工程；（2）中华优秀传统文化传承发展工程；（3）华夏之源"历史文化走廊"建设工程；（4）"博物馆之城"核心示范区建设工程；（5）西安历史文化地理标识系统工程；（6）历史文化保护传承与旅游融合发展工程；（7）博物馆与文化遗产宣传推介工程。

三、南京

南京是我国著名的四大古都之一，是国家首批公布的24个历史文化名城，资源底蕴丰厚，古迹遍布，凭借通江达海的地理优势，成为历史上整合凝聚长江流域文化、推动长江与黄河文化互动融汇的重要城市。近年来，南京市依托丰厚的文博资源，推进文旅融合深入发展，致力于打造独

南京博物院夜景

具特色、充满活力、令人向往的"博物馆之城"。目前，南京市备案博物馆65座，其中国家一、二、三级博物馆15座。《南京市国民经济和社会发展第十四个五年规划和二〇三五年远景目标纲要》中提出要深化"博物馆之城"创建。2022年4月，南京市文化和旅游局印发了《南京市建设"博物馆之城"发展规划》（简称《规划》）。《规划》指出，到2025年，将力争新增100座备案注册博物馆，孵化100座"类博物馆"，创建世界一流博物馆，力争新增国家等级博物馆五座以上，打造一批具有影响力和传播力的原创展览和品牌活动，每年举办展览300个以上，年观众量达4000万人次以上。到2035年，建成文化强市，优质公共文化服务供给充分、布局均衡，城市软实力、吸引力和美誉度显著增强，基本建成全国一流、世界领先的"博物馆之城"。[1]

《规划》的发展任务主要包括优化博物馆体系、激发博物馆活力、健全博物馆机制三个方面。优化博物馆体系是指：促进不同层级、不同属性博物馆发展，突出专题特色；统筹不同区域博物馆发展，优化文博资源空间布局。激发博物馆活力，旨在夯实发展基础，提升服务效能，具体包括四个方面：（1）提升保护能力，提高展陈质量，发挥教育功能；（2）强

---

[1] 南京市文化和旅游局：《关于印发南京市建设"博物馆之城"发展规划的通知》（宁文旅办〔2022〕25号）。

化科技支撑，跨界融合开拓博物馆行业发展新格局；（3）鼓励社会参与，打造全民支持、共建共享的社会事业；（4）加强区域联动，增进国际合作，进一步扩大南京市"博物馆之城"影响力。健全博物馆机制主要从创新体制机制、释放发展活力的角度进行部署，主要包括推进国有博物馆法人治理结构建设，赋予博物馆更大办馆自主权；明确非国有博物馆管理权责，规范非国有博物馆办馆行为；建立健全现代博物馆制度，依法制定和实施博物馆组织章程，发挥南京市博物馆学会和基金会作用；以及落实法人财产权，规范非国有博物馆发展等内容。

南京中国科举博物馆内景

《规划》提出"百馆计划""蓄水计划""造血计划"三项发展计划。百馆计划是在现有60多座备案注册博物馆基础上，完成100座博物馆的登记备案工作。要求充分利用现有资源，依托区域内各级文物保护单位、革命旧址、名人故居、高校博物馆等资源，遴选出多座具有充分发展潜力的博物馆，立足文旅融合，构建门类齐全、形式多样的南京市博物馆体系。蓄水计划是在百馆计划之外，给南京市博物馆事业的快速发展做好博物馆资源储备梯队建设，打造南京博物馆资源的"蓄水池"。通过蓄水计划，有效识别潜在资源，将具有部分博物馆功能，但尚未达到登记备案条件的社会机构，纳入行业指导范畴，做好孵化培育。至2025年，全市力争孵化培育100座"类博物馆"。造血计划是指博物馆要开启"自我造血"的新模式。在文旅融合的背景下，博物馆应通过市场化与产业化的运营把资源优势转化为对观众有吸引力、适应市场需求的经济优势，打造出一条彰显自身特色的开源之路，进而实现博物馆的长远发展。

《规划》还提出建设五个专项工程，即龙头工程、集群工程、活化工程、品质工程、智慧工程。龙头工程中的博物馆建设，首先是打造一批能够成为南京市文博事业顶梁柱的卓越博物馆，让部分龙头博物馆成为国内领先、国际导向地位的世界一流博物馆。通过龙头博物馆的打造，引领博物馆整体品质提升。同时，打造一批卓越展览，通过高质量展览突出博物馆贯古通今的特点，在丰富人民群众精神生活的同时，将南京文化推广到全国乃至全球。集群工程以发挥区域文化特色优势为目标任务，每年将举办主题展览活动、精品研学课程、博物馆聚落集群夜游品牌等系列活动，提升人们生活水平，进而增强城市的软实力。《规划》主要涉及长江路博物馆集群聚落、老城南博物馆集群聚落、钟山博物馆集群聚落、仙林博物馆集群聚落等四个博物馆集群。活化工程旨在通过多种"活"的方式，让文物从"静态"保护中走出来，凭借外部驱动力，将其优秀的文化传统、精神、艺术价值等融入人们的日常生活，实现"动态"的传承。在文化和旅游深入融合的背景下，博物馆活化工程包括打造"博物馆+"旅游线路、跨界合作研发文创新产品、积极举办节事活动和提升可移动革命文物的保护与展示四个方面。品质工程是分别针对已定级博物馆和未定级博物馆的提升工程。智慧工程主要包括建设高度融合的多馆共用的数字化平台、建立"博物馆之城"大数据指挥中心和建立统一的智慧博物馆建设标准规范三个部分。其中"博物馆之城"大数据指挥中心是各博物馆所产生的大数据资源的聚合与分析使用的关键节点，集合了对大数据的收集、分析、运算、可视化呈现处理流程，并由数据指导实际决策。"博物馆之城"大数据主要包含参观者大数据和馆藏文物大数据。参观者大数据能够让我们了解博物馆、展厅的客流和客流密度以及参观者的行为，而馆藏文物大数据则能够建立南京市博物馆藏品信息网络共享平台，冲破馆际之间的沟通壁垒，促进大型博物馆的文物资源和展览向市内的基层博物馆流动,进一步提高文物展示利用率。

四、佛山

佛山是国家历史文化名城,"肇迹于晋,得名于唐",明清时期就被誉为"天下四大镇"和"天下四大聚"之一。佛山也是岭南文化的发源地与核心区,历史文化遗存丰富,享有"陶艺之乡""粤剧之乡""武术之乡""狮艺之乡""粤菜之乡""广纱中心""岭南成药之乡"等多个美誉,还拥有国家级非物质文化遗产项目15项,行通济、秋色巡游、扒龙舟等独具特色的民俗活动源远流长、历久弥新。早在2015年,佛山就提出建设"文化导向型城市",以文化提升城市品质。2017年12月,佛山市委召开"佛山建设博物馆之城重点工作推进会",正式启动博物馆之城建设。2018年6月,佛山市人民政府印发《关于推进"博物馆之城"建设的实施意见》,佛山市博物馆事业进入快速发展期。[1]

佛山"博物馆之城"的建设目标是围绕建设国家制造业创新中心和"更具品质的文化导向型城市"的总目标,筑牢国有与非国有博物馆并举同重的事业新基础,构建七大系列博物馆齐头并进的发展新格局,把佛山建设成为具有鲜明岭南文化名城特色、制造业一线城市特色及佛山人文特色的"博物馆之城"。具体如下:

1. 全市博物馆、美术馆、艺术馆数量位居前列。经正式登记注册的博物馆(含纪念馆)数量增至100家,美术馆、艺术馆总数提高到100家;各类场馆的公共文化服务人群覆盖率进一步提升,实现每10万人拥有一家博物馆、一家美术馆或艺术馆。

2. 非国有场馆发展环境全面优化。非国有场馆扶持政策周全高效,实现全员登记注册、基础设施条件全面改善;非国有场馆数量提升至150家,占比提升至75%,并涌现出一批专业化程度高、社会影响力强的优秀民办场馆。

---

[1] 佛山市人民政府:《关于推进"博物馆之城"建设的实施意见》(佛府〔2018〕40号)。

佛山黄飞鸿纪念馆 ©摄图网

3. 场馆体系日渐完善。立足佛山地域特色，发展以历史综合系列、名人故居及革命文化系列、佛山产业系列、社区生态系列、非遗民俗系列、特色收藏系列、岭南艺术系列等七大系列为有力支撑的场馆体系；全市博物馆、美术馆、艺术馆体系化发展、系列性成长，办馆水平不断提高。

4. 场馆服务力及影响力持续提升。全面推行政府购买服务，实现国有和非国有博物馆免费开放率不低于90%。着力培育一批博物馆示范工程、品牌活动，推动各场馆软实力、惠民力得到全面提升，年举办展览数量不少于200个、各类公益活动不少于800场次，观众数量达200万人次以上。

5. 岭南文化特色更加鲜明。充分利用各类民俗、古建、古民居、非物质文化遗产等资源建立各类博物馆，推动博物馆围绕特色馆藏、民俗恢复、非遗活态展示等内容创新展陈方式，彰显岭南文化特色内涵，巩固与宣传佛山作为岭南文化主要发祥地的地位，让佛山"博物馆之城"成为岭南文化的样板、门户与橱窗。

佛山博物馆之城的重点任务主要有七项，包括：

1. 大力发展历史综合系列场馆。高水平推进市级综合博物馆建设；提升区级综合博物馆硬件设施；筹建古遗址博物馆。依托河宕贝丘遗址及古椰贝丘遗址这两个具有重大考古价值的古代遗址，整合市内同类型考古遗存资料及实物，建设主题色彩浓厚、展示方式新颖的贝丘遗址博物馆。加强西樵山遗址的研究、规划及保护工作，重点推动石燕岩水下考古遗址申报全国重点文物保护单位，并提炼西樵山遗址的石器制作元素建设石器博物馆。

2. 大力发展名人故居及革命文化系列场馆。用好名人故居资源，依托康有为故居、陈铁军故居、三谭故居、简氏别墅等保存条件较好的名人故居，通过功能调整、扩充范围、丰富内涵等方式，融入传统文化展演、史料实物展示等元素，将名人故居打造成名人纪念馆或镇（街道）博物馆。同时，提升各类革命遗迹。

3. 大力发展佛山产业系列场馆。挖掘佛山制造业的深厚底蕴，加强具有文化遗产价值的近现代工业厂房建筑、生产设备等实物资料的保护和利用，鼓励建立家电、陶瓷、成药、纺织、家居、珠宝玉器、工业设计、五金铸造、花卉栽培等企业博物馆及行业博物馆，鼓励利用清末民国时期工业矿业遗迹以及旧厂区、旧工业区设立工业遗址博物馆，展示我市工业文明发展脉络及辉煌成就。

4. 大力发展社区生态系列场馆。依托历史文化街区保护及古村落活化升级成果，试点建设一批生态博物馆或社区博物馆，着重抓好历史建筑保护修缮及水乡环境维护修复，主打特色传统民俗保存展示，突出休闲教育功能属性，打造岭南韵味浓郁的民间风情展示区。

5. 大力发展非遗民俗系列场馆。一是利用传统工艺的丰厚资源。依托佛山丰富的非遗资源，结合传统工艺振兴计划的实施，以政府划地建馆、非遗传承人或单位提供展品或动态展示的形式合作创办"佛山民间工艺博物馆"或"佛山民间工艺博物馆群"。馆舍可选址空置历史建筑、"三旧"建筑、创业园区或基层文化场馆。二是发掘民风民俗的丰富主题。引导相关行业协会及民间社团创立武术、粤剧、粤曲、饮食、婚俗等行业主题博物馆，全方位展示佛山人文气质与生活氛围，并鼓励配套开设餐饮、休闲体验、教育等增值服务。

6. 大力发展特色收藏系列场馆。鼓励社会各界结合佛山历代人文乡土气息及生活气息，依托自身特色收藏，设立一批奇石、金石古玩、奇艺、古家具、宗教画、特色园艺等主题博物馆，并以此为基础打造文化交流平台，与大众共同分享佛山人文风情之美。

7. 大力发展岭南艺术系列场馆。筹划选址新建"佛山市美术馆"，以精品工程树立市内美术馆艺术馆建设运营标杆。依托佛山作为岭南艺术发源地的地位，兴办一批以岭南画派及岭南书法作品为主要展示内容的美术馆。鼓励各界与省内外艺术院校合作，建立一批当代雕塑艺术馆及陶塑艺术馆等。

为确保《佛山市人民政府关于推进"博物馆之城"建设意见》顺利实施，助力高品质文化导向型名城建设，提升城市功能品质内涵，2021年5月，《佛山市博物馆之城规划》编制并印发。据统计，截至2021年5月，佛山市已有及在建博物馆类147家、美术馆类97家，共244家，在场馆数量方面，已基本完成《关于推进"博物馆之城"建设的实施意见》制定的规划任务，取得阶段性成果。但佛山在非国有博物馆备案登记、场馆质量、博物馆引领城市功能品质及文化消费等方面仍有不足。

根据《佛山市博物馆之城规划》，佛山"博物馆之城"将打造成为"岭南文化的活态展示城""佛山制造的创新博览城""乡村振兴的全域体验城"，2025年佛山市市域范围内需完成建设博物馆（陈列馆、名人故居）204家、美术馆（艺术馆）102家。《佛山市博物馆之城规划》的一大亮点是提出依托佛山文化底蕴与产业优势，梳理现有博物馆资源，对接佛山城市发展需求，塑造"两核、两轴、一带、多群"的佛山"博物馆之城"的总体结构。"两核"，一是文化创新核，依托佛山老城历史文化底蕴和传统产业基础（含祖庙梁园、石湾、千灯湖板块），打造展现佛山历史文化与城市文化底蕴的重要载体；二是产业创新核，充分利用佛山三龙湾高端创新集聚区"面向全球的先进制造业创新高地"等功能定位及高新产业资源，打造展现现代佛山的重要窗口。"两轴"，一是文化博览展示轴，串联大沥+桂城+祖庙+石湾+西樵+荷城+明城等文化资源集聚度较高的镇街;二是产业博览展示轴,串联乐平+狮山+桂城+北滘新城+顺德新城等产业园区,打造展现佛山文化与产业博览展示轴线的重要窗口。"一带",即西北江生态文化带;"多群",即鼓励社会力量集聚建馆,形成具可见度、辨识度的博物馆群落格局。结合广东省及佛山市各级"十四五"规划及粤港澳大湾区文化和旅游发展规划,佛山将分两个阶段高质量建成"博物馆之城"。第一阶段至2022年,实现《关于推进"博物馆之城"建设的实施意见》中"双驱双百"等建设目标。第二阶段至"十四五"规划末,即到2025年高质量建成"博物馆之城",全市博物馆、美术馆办馆质量全面提升,博物馆定级取得突破性进展,"博物馆之城"成为人城产文融合的生动实践、佛山高质量发展的有力支撑。

附录1

中央宣传部 国家发展改革委 教育部 科技部 民政部 财政部 人力资源社会保障部 文化和旅游部 国家文物局 关于推进博物馆改革发展的指导意见

党的十八大以来，我国博物馆在场馆建设、文物保护、藏品研究、陈列展览、开放服务、教育传播、国际交流等方面不断取得新进展，日益成为世界博物馆发展的中心和热点。但同时也要看到，博物馆发展不平衡不充分与人民美好生活需要之间的矛盾仍很突出，在发展定位、体系布局、功能发挥、体制机制等方面尚需完善提升。为深化改革，持续推进我国博物馆事业高质量发展，现提出如下意见。

一、总体要求

（一）**指导思想**。以习近平新时代中国特色社会主义思想为指导，坚持以人民为中心，坚持守正创新，坚持创造性转化和创新性发展，秉承新发展理念，将博物馆事业主动融入国家经济社会发展大局，加强考古成果和历史研究成果的转化与传播，为坚定文化自信、传承中华文明、推动中国特色社会主义文化繁荣发展、满足人民美好生活需要、建设社会主义文化强国、实现"两个一百年"奋斗目标和中华民族伟大复兴中国梦做出积极贡献。

（二）**基本原则**。

——坚持正确方向。坚持党对博物馆事业的全面领导，牢牢把握意识形态工作主导权，以社会主义核心价值观为引领，突出公益属性和社会效益，更好地构筑中国精神、中国价值、中国力量。

——坚持改革创新。坚持问题导向、目标导向，上下联动、横向联合，鼓励先行先试，推进博物馆发展理念、技术、手段、业态创新，破除体制机制束缚，释放发展活力。

——坚持统筹协调。统筹不同地域、层级、属性、类型博物馆发展，提高博物馆内部管理和外部治理水平。坚持服务大众，提高博物馆公共服务均等化、便捷化、多样化、个性化水平，实现博物馆高品质、差异化发展。

——坚持开放共享。营造开放包容的发展环境，通过区域协同创新、社会参与、跨界合作、互联网传播等方式，促进资源要素有序流动，优化资源配置，多措并举盘活博物馆藏品资源。

（三）总体目标。到2025年，形成布局合理、结构优化、特色鲜明、体制完善、功能完备的博物馆事业发展格局，博物馆发展质量显著提升，在弘扬中华优秀传统文化、革命文化和社会主义先进文化，构建公共文化服务体系、服务人民美好生活，推动经济社会发展、促进人类文明交流互鉴中的作用更加彰显。到2035年，中国特色博物馆制度更加成熟定型，博物馆社会功能更加完善，基本建成世界博物馆强国，为全球博物馆发展贡献中国智慧、中国方案。

二、加强分类指导，优化体系布局

（四）统筹不同地域博物馆发展。配合"一带一路"倡议、京津冀协同发展、长江经济带发展、粤港澳大湾区建设、长三角一体化发展、推进海南全面深化改革开放、黄河流域生态保护和高质量发展等国家重大战略，以及长城、大运河、长征、黄河国家文化公园建设等国家重大文化工程，加强博物馆资源整合与协同创新。探索在文化资源丰厚地区建设"博物馆之城""博物馆小镇"等集群聚落。

（五）整合不同层级博物馆发展。实施中国特色世界一流博物馆创建计划，重点培育10-15家代表中国特色中国风格中国气派、引领行业发展的世界一流博物馆。实施卓越博物馆发展计划，因地制宜支持省级、重要地市级博物馆特色化发展。实施中小博物馆提升计划，加强机制创新，有效盘活基层博物馆资源。实施类博物馆培育计划，鼓励将具有部分博物馆功能、但尚未达到登记备案条件的社会机构，纳入行业指导范畴，做好孵化培育。

（六）协调不同属性博物馆发展。探索建立行业博物馆联合认证、共建共管机制，将高校博物馆、国有企业博物馆等纳入行业管理体系，引导文物系统富余资源在运营管理、充实藏品、保护修复、开放服务等方面支持行业博物馆。规范和扶持并举，加强对非国有博物馆业务帮扶，推动落实土地、税收等优惠政策，指导非国有博物馆健全藏品账目及档案，依法依规推进博物馆法人财产权确权。按照"谁审批、谁监管，谁主管、谁监管"原则，加强对未经备案但以"博物馆"等名义开展活动的机构的管理。

（七）促进不同类型博物馆发展。充分利用现有资源，结合党史、新中国史、改革开放史、社会主义发展史教育，依托社会主义建设重大工程、重大项目、重要事件，推动建设一批反映党和国家建设成就的当代主题博物馆。鼓励依托文物遗址、历史建筑、工业遗产、农业遗产、文化景观和非物质文化遗产等设立博物馆。依法依规支持"一带一路"、黄河、大运河、长城、长江、长征、重大科技工程等专题博物馆（纪念馆）建设发展。重点支持反映中华文明发展历程的国家级重点专题博物馆建设。丰富自然科学、现当代艺术等博物馆品类，鼓励军队博物馆面向社会开放，倡导社区、生态、乡情村史博物馆等建设。

三、夯实发展基础，提升服务效能

（八）优化征藏体系。树立专业化收藏理念，强化党史、新中国史、改革开放史、社会主义发展史相关藏品征集，注重旧城改造、城乡建设等反映经济社会发展变迁物证的征藏，丰富科技、现当代艺术、非物质文化遗产等专题收藏，鼓励反映世界多元文化的收藏新方向。拓展藏品入藏渠道，健全考古出土文物和执法部门罚没文物移交工作机制，适时开展文物移交专项行动，推动优化国有公益性收藏单位进口藏品免税政策，鼓励公众向博物馆无偿捐赠藏品。

（九）提升保护能力。健全博物馆藏品登录机制，推进藏品档案信息化标准化建设，逐步推广藏品电子标识。实施馆藏珍贵濒危文物、材质脆弱文物保护修复计划。强化预防性保护，加强文物常见多发病害病理研究，提升藏品保存环境监测、微环境控制、分析检测等能力，完善博物馆安消防制度建设和设施配备，鼓励各地因地制宜加强文物中心库房建设。加快推进藏品数字化，完善藏品数据库，加大基础信息开放力度。

（十）**强化科技支撑**。加强对藏品当代价值、世界意义的挖掘阐发，促进研究成果及时转化为展览、教育资源。大力发展智慧博物馆，以业务需求为核心、以现代科学技术为支撑，逐步实现智慧服务、智慧保护、智慧管理。推动研究型博物馆建设，依法开展博物馆科技成果转化收益分配试点，推动符合条件的博物馆从业人员享受科技创新扶持政策。深化与高等院校、科研院所合作，鼓励建立联合实验室、科研工作站和技术创新联席机制，"博学研"协同开展文物保护利用科学研究与成果示范，将支持博物馆发展的共性关键技术研究纳入各类国家科技计划予以重点支持。

（十一）**提高展陈质量**。落实中办、国办《关于实施中华优秀传统文化传承发展工程的意见》等要求，深入挖掘展示中华优秀传统文化中跨越时空的思想理念、价值标准、审美风范，以古鉴今、古为今用、启迪后人。全面展示中华文明起源和发展的历史脉络，中华文明取得的灿烂成就，中华文明对人类文明的重大贡献。支持联合办展、巡回展览、流动展览、网上展示，提高藏品展示利用水平。探索独立策展人制度，优化展览策划制作流程，推出更多原创性主题展览。贴近实际、贴近生活、贴近群众，鼓励公开征集选题，推广以需定供的菜单式展览服务。

（十二）**发挥教育功能**。落实《新时代爱国主义教育实施纲要》《新时代公民道德建设实施纲要》要求，广泛深入开展博物馆里过传统节日、纪念日活动，加强对中华文明的研究阐发、教育普及和传承弘扬，加强爱国主义教育和革命传统教育，培育人民文化生活新风尚。制定博物馆教育服务标准，丰富博物馆教育课程体系，为大中小学生利用博物馆学习提供有力支撑，共建教育项目库，推动各类博物馆数字资源接入国家数字教育资源公共服务体系。支持博物馆参与学生研学实践活动，促使博物馆成为学生研学实践的重要载体。倡导博物馆设立教育专员，提升教育和讲解服务水平，鼓励省级以上博物馆面向公众提供专业研究人员的专家讲解服务。

（十三）优化传播服务。推进博物馆大数据体系建设，主动对接国家文化大数据体系建设，标注、解构和重构藏品蕴含的中华元素和标识，切实融入内容生产、创意设计和城乡建设，充分发挥博物馆在文旅融合发展、促进文化消费中的作用。推动博物馆文化扶贫，增加展览、教育活动进乡村频次。深化博物馆与社区合作，推动博物馆虚拟展览进入城市公共空间，鼓励有条件的博物馆错峰延时开放，服务十五分钟城市生活圈。加强与融媒体、数字文化企业合作，创新数字文化产品和服务，大力发展博物馆云展览、云教育，构建线上线下相融合的博物馆传播体系。强化观众调查，推广分众传播，优化参观全过程服务。

（十四）增进国际合作。实施中华文明展示工程，深入挖掘中华优秀传统文化精髓，弘扬中华文化蕴含的人类共同价值，打造一批中国故事、国际表达的文物外展品牌。实施世界文明展示工程，通过长期借展、互换展览、多地巡展等方式，共享人类文明发展成果。加强青年策展人培养，造就一批政治过硬、功底扎实、国际接轨的博物馆策展人队伍。支持中国专家学者参加国际博物馆组织，积极参与博物馆国际治理。

四、创新体制机制，释放发展活力

（十五）完善管理体制。推进博物馆法及配套法规体系立法研究，完善博物馆制度，推进博物馆治理体系和治理能力现代化。深化博物馆领域"放管服"改革，探索管办分离，赋予博物馆更大的自主权。分类推进国有博物馆、非国有博物馆理事会制度建设，建立健全权责对等、运转协调的决策执行或监督咨询机制。深化人事制度改革，切实增强博物馆干部人事管理、职称评审、岗位设置自主权。对于部分符合条件的新建博物馆，在不改变藏品权属、确保安全的前提下，经批准可以探索开展国有博物馆资产所有权、藏品归属权、开放运营权分置改革试点，提升博物馆公共服务效能。

（十六）健全激励机制。博物馆开展陈列展览策划、教育项目设计、文创产品研发取得的事业收入、经营收入和其他收入等，按规定纳入本单位预算统一管理，可用于藏品征集、事业发展和对符合规定的人员予以绩效奖励等。合理核定博物馆绩效工资总量，对上述工作取得明显成效的单位可适当增核绩效工资总量，单位内部分配向从事这些工作的人员倾斜。

（十七）鼓励社会参与。发展壮大博物馆之友和志愿者队伍，构建参与广泛、形式多样、管理规范的社会动员机制。推动博物馆公共服务市场化改革，引入竞争机制，鼓励社会力量参与展览、教育和文创开发。实施"博物馆+"战略，促进博物馆与教育、科技、旅游、商业、传媒、设计等跨界融合。

五、优化发展环境，加强改革保障

（十八）加强组织领导。强化部际协作，进一步增强文物主管部门与宣传、发展改革、教育、民政、财政、人力资源社会保障等部门之间的协作关系，形成工作合力。各级宣传文化、发展改革、财政、人力资源社会保障等部门，要将博物馆发展纳入经济社会发展总体规划和基础设施建设、教育、科技、文化、旅游等相关专项规划，发挥博物馆在文明城市创建中的作用，支持博物馆事业发展。

（十九）加强政策支持。按照国办《公共文化领域中央与地方财政事权和支出责任划分改革方案》部署，落实博物馆有关支出责任，向财力困难地区倾斜，加强预防性保护和数字化保护项目支持。健全博物馆免费开放机制，督促落实地方主体责任。鼓励地方通过政府购买服务、项目补贴、以奖代补等方式，支持非国有博物馆持续发展。博物馆认定为非营利组织的，其符合条件的捐赠收入按规定享受免税政策。企业或个人等通过公益性社会组织、县级以上人民政府及其部门等国家机关，向博物馆进行公益性捐赠的，按规定享受所得税税前扣除政策。创新博物馆发展多元化投入机制，在加强监管、防范风险的前提下，鼓励社会资本以直接捐赠、设立基金会等形式支持博物馆发展。

（二十）加强队伍建设。健全博物馆人才激励机制，按照国家有关规定进行表彰奖励，加强博物馆管理人才、专业人才、研究人才、创新型人才培育，为人才发展营造良好的制度环境。加强国家文博领域高水平创新团队建设，培育跨领域、跨学科创新团队。按照人力资源社会保障部、国家文物局《关于进一步加强文博事业单位人事管理工作的指导意见》精神,拓宽人才汇集机制,支持博物馆设立流动岗,吸引相关专业技术人员兼职。加大博物馆专业人才引进力度,提高队伍专业化水平。推进文博行业相关职业资格制度建设。强化人才培训,根据不同岗位要求,开展分级分类培训,提高队伍整体素质能力。

(二十一)**加强监督管理**。通过日常巡查、"双随机一公开"检查、备案管理等方式,加强文物保护、陈列展览等事项事中事后监管。建立健全绩效考评、专业评价和第三方评估相结合的博物馆考评监督机制。健全博物馆质量评价体系,扩大国家一二三级博物馆占比,加强评估结果运用。加强博物馆行业协会建设,促进行业自律。建立博物馆年报制度和信用体系,主动接受社会监督。

各地要制定贯彻落实本意见的实施方案,落实任务分工,细化工作责任,明确时间表、路线图,着力推进实施,强化督导检查,确保改革措施落地见效。

附录2

北京博物馆之城建设发展规划

（2024—2035年）

北京市推进全国文化中心建设领导小组
2024年1月

目录

序言

第一章 规划基础
    一、基本概况
    二、发展成就
    三、发展机遇
    四、主要挑战

第二章 总体要求
    一、指导思想
    二、规划依据
    三、基本原则
    四、发展目标

第三章 主要任务
    一、建设全域活态博物馆
    二、推进重点文博区建设
    三、提升博物馆功能品质
    四、推动馆城融合发展
    五、促进国际文化交流
    六、加强人才队伍建设

第四章 保障措施
    一、加强组织领导
    二、加强改革创新
    三、加强政策保障
    四、加强监督管理

序言

博物馆事业发展水平，体现一个城市的文明发展程度，北京博物馆事业发端早、起点高、门类全，在博物馆数量、密度、布局、办馆水平、公共服务效能等方面，都处于全国领先水平。建设博物馆之城，是推进全国文化中心建设、增强首都文化功能、彰显"首都风范、古都风韵、时代风貌"城市特色的重要抓手，是满足人民精神文化需求、增强人民精神力量的重要任务。

党的十八大以来，北京坚持以习近平新时代中国特色社会主义思想为指导，围绕落实"四个中心"城市战略定位，将博物馆之城建设作为推进全国文化中心建设的一项重要任务，不断推进博物馆事业高质量发展。北京博物馆数量持续增加，服务效能显著提升，社会关注度不断提高，服务经济社会发展的作用日益彰显。

为进一步推动北京博物馆之城建设，以文化自信传承城市历史文脉，以守正创新激发文化发展活力，努力建设传统文化与现代文明交相辉映的世界文化名城，制定本规划。

第一章 规划基础

一、基本概况

作为历史古都和全国文化中心，北京有3000多年建城史、870年建都史，历史悠久，文脉绵长，是中华文明连续性、创新性、统一性、包容性、和平性的有力见证。目前，北京共有不可移动文物3840处、登记国有可移动文物501万件（套），世界文化遗产7项，人类非物质文化遗产代表作名录项目13个，国家级非物质文化遗产代表性项目144个。这些历久弥新的文化遗产不仅构建了北京严整有序、层次分明的城市肌理，也塑造了深沉厚重、创新包容的城市内涵，为北京博物馆之城建设提供了丰厚滋养。

新中国成立后，北京博物馆事业从不懈探索到快速发展，从数量激增到质量提升，逐步走上了一条专业化、特色化、国际化的发展之路。党的十八大以来，北京着眼"四个中心"功能建设，聚焦"四个服务"水平提升，提出建设博物馆之城的战略构想，推动博物馆全面融入首都经济社会发展大局，着力促进馆城融合发展，优化博物馆体系布局，加大优质文化供给，提升博物馆服务效能，为推进全国文化中心建设和首都高质量发展提供了有力支撑。

截至2023年末，北京地区共有226家备案博物馆，其中国家一级博物馆18家，数量居全国首位。博物馆拥有藏品总数达1625万件（套），排名全国第一；博物馆总建筑面积达254万平方米，展厅总面积达105万平方米。

二、发展成就

一是场馆设施建设成效显著，博物馆体系日臻完善。党的十八大以来，国家对公共文化事业投入日益增大，社会力量兴办博物馆的热情不断高涨，中国共产党历史展览馆、中国考古博物馆、香山革命纪念馆、清华大学艺术博物馆、中国华侨历史博物馆等新馆大馆建成，中国人民革命军事博物馆、徐悲鸿纪念馆等国家级、市区级博物馆完成改扩建，一批非国有博物馆蓬勃发展，一批类博物馆挂牌开放。

二是藏品保护研究不断深入，博物馆功能日趋完备。博物馆藏品范围不断拓展，现当代艺术品、民俗民间文物、工业遗产、音像资料、非物质文化遗产载体等作为当代社会发展见证永久收藏。数字化建设步伐不断加快，北京市博物馆大数据平台上线，博物馆文化资源大数据体系初步形成。科研能力持续提升，北京地区共有国家文物局重点科研基地15家、北京市文物局重点科研基地5家，可移动文物修复资质单位32家。

三是公共文化供给提质增效，博物馆服务日益提升。博物馆积极推陈出新，举办不同题材、不同类型的展览和活动，吸引广大群众走进博物馆。"丹宸永固——紫禁城建成六百年"等10余个展览荣获全国博物馆十大陈列展览精品年度相关奖项。广泛深入开展博物馆里过传统节日、过纪念日活动，积极推进博物馆与学校教育相融合。不断提升博物馆讲解服务质量，开展多种形式的志愿者服务活动，推出"北京之声·博物馆"导览系统、"博物馆之城"电视节目等，为观众提供了周到细致的服务。

四是博物馆与城市逐步融合，博物馆之城建设日见成效。围绕"一轴三带"建设，打造以博物馆为支撑的历史文化展示传播体系，发挥首都博物馆、香山革命纪念馆等牵引作用，彰显北京历史文化整体价值。博物馆走进各类城市公共空间，文创产品类型不断丰富，文物艺术品市场持续繁荣，有力促进了文化消费。围绕乡村振兴，用好乡情村史馆等博物馆资源，融入特色民宿等乡村产业，助力乡风文明建设。

五是对外文化合作更加紧密，博物馆交流日渐深入。坚持"走出去"和"引进来"相结合，充分发挥北京博物馆资源优势，着力打造联合展览、学术研讨等对外文化交流品牌，讲好中国故事、传播好中国声音。服务国家外交大局，在俄罗斯、德国、韩国等国家推出一批精品展览，深受当地民众喜爱。组织举办北京文化论坛文化遗产平行论坛、亚洲文化遗产保护对话会、世界遗产大会边会、中日韩博物馆国际学术研讨会、国际博协藏品委员会（ICOM-CC）第19届大会等活动，深入推进文化交流合作，不断扩大中华文化影响力。

三、发展机遇

一是党和国家高度重视博物馆事业发展，为北京建设博物馆之城指明了前进方向。党的十八大以来，习近平总书记对博物馆事业发展提出了一系列新思想新观点新论断，强调要发挥好博物馆保护、传承、研究、展示人类文明的重要作用，守护好中华文脉；让收藏在博物馆里的文物，陈列在广阔大地上的遗产，书写在古籍里的文字都活起来。习近平总书记的重要论述，为博物馆之城建设提供了根本遵循。

二是人民群众对博物馆需求日益增长，为博物馆之城建设提供了广阔空间。近年来，越来越多的群众走进博物馆参观，博物馆观众量出现"井喷式"增长。广大群众对展览活动品质、接待服务水平等要求越来越高，对云上观展、研学讲座、互动体验等活动需求也越来越强烈。通过博物馆获取知识、培养审美、解压放松、休闲娱乐，成为人民群众新的生活方式。

三是科学技术的快速发展，为博物馆之城建设注入了新的活力。近年来，大数据、人工智能、云计算等现代信息技术迭代升级，推动博物馆生态发生深刻变革。博物馆由实体设施拓展到虚拟形态，博物馆藏品由实物延伸到数据信息，博物馆服务逐步由传统方式向智能模式转变，博物馆文化传播逐步由单向输出向社会广泛参与转变。科学技术的迅猛发展和广泛应用，有力赋能博物馆之城建设。

四是新时代首都发展的巨大成就，为博物馆之城建设提供了有力支撑。近年来，北京地区生产总值先后跨越两个万亿台阶、突破4万亿元，人均地区生产总值保持全国领先。文化事业和产业蓬勃发展，公共文化服务体系不断完善，文化新业态新模式持续涌现，2022年北京文化产业增加值占全市地区生产总值比重达到11%。社会力量兴办博物馆、参与博物馆展览活动和文创开发的热情不断高涨，共建共享博物馆之城的氛围日益浓厚。

四、主要挑战

一是博物馆体系功能与首都地位不相适应。博物馆空间布局、品类构成还不均衡，东城区、西城区、朝阳区和海淀区的博物馆比较集中，艺术类、科技类、工业遗产类博物馆数量偏少。博物馆融入首都经济社会发展的能动性不够，在推进文明养成、价值培育、文化消费、产业发展等方面的作用发挥得还不够充分。

二是博物馆服务能力质量与人民群众美好生活需求不相适应。博物馆建设水平参差不齐，有的博物馆馆舍建筑老化、设施设备还不齐全。博物馆服务有待进一步提升，有的博物馆藏品研究展示不足、数字化建设滞后，有的博物馆服务功能不完备、辐射半径还比较小。博物馆与城市其他功能之间互动性不足，博物馆周边交通保障、商业配套、公共设施有所欠缺，尚未形成馆城融合的良性关系。

三是博物馆国际化程度与国际交往中心功能不相适应。亟需深入挖掘中华优秀传统文化内涵,打造有影响力的中华文明展览展示品牌,推进文明交流互鉴。博物馆对中华文化价值研究阐释不够,国际叙事体系尚未形成,国际传播能力还需进一步增强。国际学术研讨、项目合作、展览交流、人员往来等还需深化,博物馆标识体系、讲解导览等的国际化水平有待进一步提高。

四是博物馆体制机制与改革发展要求不相适应。北京地区博物馆隶属关系复杂,管理层级多样,统筹协调难度较大。国有博物馆内部激励机制作用发挥不充分,资金保障机制不够健全,人才梯队培养成效还不理想,内生动力和发展活力还需进一步激发。非国有博物馆自身造血能力较弱,规范化专业化管理能力需逐步增强。

第二章 总体要求

一、指导思想

以习近平新时代中国特色社会主义思想为指导,全面贯彻党的二十大精神,深入学习贯彻习近平文化思想,坚持人民至上,坚持守正创新,牢牢把握首都"四个中心"城市战略定位,将博物馆事业主动融入首都经济社会发展大局,推进文化传承发展,增强人民精神力量,推动文化为城市赋能,为新时代首都发展和国际一流和谐宜居之都建设贡献力量。

二、规划依据

《中华人民共和国文物保护法》
《中华人民共和国公共文化服务保障法》
《博物馆条例》
《"十四五"文化发展规划》
《"十四五"文物保护和科技创新规划》
中共中央办公厅 国务院办公厅《关于加强文物保护利用改革的若干意见》
中共中央办公厅 国务院办公厅《关于让文物活起来、扩大中华文化

国际影响力的实施意见》

中共中央办公厅 国务院办公厅《关于在城乡建设中加强历史文化保护传承的意见》

中共中央办公厅 国务院办公厅《关于推进实施国家文化数字化战略的意见》

中央宣传部 国家发展改革委 教育部 科技部 民政部 财政部 人力资源社会保障部 文化和旅游部 国家文物局《关于推进博物馆改革发展的指导意见》

文化和旅游部 国家发展改革委 财政部《关于推动公共文化服务高质量发展的意见》

教育部 国家文物局《关于利用博物馆资源开展中小学教育教学的意见》

国家文物局《关于进一步推动非国有博物馆发展的意见》

《北京历史文化名城保护条例》

《北京市公共文化服务保障条例》

《北京城市总体规划（2016年—2035年）》

《北京市国民经济和社会发展第十四个五年规划和二〇三五年远景目标纲要》

《北京市推进全国文化中心建设中长期规划（2019年—2035年）》

《北京市"十四五"时期文物博物馆事业发展规划》

国家文物局 北京市人民政府《共建北京"博物馆之城"战略合作协议》

三、基本原则

——坚持党的全面领导。坚持党对博物馆事业的全面领导，坚持正确的政治方向，牢牢把握意识形态工作主导权，以社会主义核心价值观为引领，为博物馆之城建设提供根本的政治保证。

——坚持以人民为中心。始终坚持一切为了人民、一切依靠人民，鼓励人民群众广泛参与，推动博物馆之城建设成果惠及人民群众，不断满足人民群众日益增长的美好生活需要，提高人民群众的获得感、幸福感。

——坚持首善标准。胸怀"国之大者"，自觉在首都发展大局下谋划博物馆之城建设，拓宽工作思路，大胆实践探索，努力在博物馆事业发展方面走在全国前列，在建设贯彻落实习近平文化思想首善之区中发挥重要作用。

——坚持馆城融合。把新发展理念贯穿北京博物馆之城建设全过程和各领域，推动博物馆资源活化利用与城市规划、老城保护、城市更新等相结合，与北京国际消费中心城市、全球数字经济标杆城市建设相融合，主动融入新时代首都发展。

四、发展目标

（一）2030年目标

博物馆之城建设有序展开，博物馆发展质量有效提升，"布局合理、展陈丰富、特色鲜明"的博物馆之城总体格局初步形成，在繁荣兴盛首都文化、提升公共文化服务、推动经济社会发展、促进文明交流互鉴中的作用持续彰显。

——博物馆之城空间布局更加合理。中国长城博物馆、西山永定河博物馆等一批标志性博物馆建成开放，一批重点文博区建设初见成效。到"十四五"末，北京博物馆总数超过260座，实现每10万人拥有1.2座博物馆；"十五五"末，北京博物馆总数超过360座，实现每10万人拥有1.6座博物馆。

——博物馆文化供给能力持续增强。高品质展览、教育活动、文创产品不断涌现，以首都文化为主题的展陈体系初步形成，馆校合作机制不断深化，博物馆数字化服务平台进一步完善，数字文化产品供给能力进一步加强。北京博物馆年举办展览达到1000个，举办教育活动超过1万场（次）。

——馆城融合格局初步形成。北京博物馆年参观人数超过8000万人次，海外观众突破300万人次，社会公众多渠道、多形式参与博物馆建设、运行、发展的机制不断健全。"博物馆+"战略全面实施，博物馆与教育、科技、旅游、商业、传媒、设计等跨界融合进一步深化。

——文化交流合作进一步深化，国内博物馆资源共享机制健全完善，京津冀博物馆协同发展机制持续强化，国际及港澳台交流合作能力持续增强，博物馆服务国际化水平不断提升，一批代表国家形象、首都水准的国际交流活动和展览精彩呈现。

——博物馆专业能力建设水平进一步提升。博物馆行业从业人员数量增长30%，人才队伍结构更趋合理，跨学科多学科人才储备更加充分，多层次博物馆人才培养机制初步建成，建设一支高水平学术带头人、策展人、修复师、讲解员队伍。

（二）2035年目标

博物馆与城市发展深度融合，全域活态博物馆基本建成，博物馆之城建设成为全国文化中心和国际一流和谐宜居之都的重要支撑。

——北京博物馆总数超过460座，实现每10万人拥有2座博物馆。

——博物馆创新创造活力持续迸发，文化产品丰富多彩，形成全域博物馆智慧化设计、建设、运营、管理新格局。

——重点文博区作用充分彰显，博物馆对首都经济社会发展的贡献格局基本形成。

——建成一批以博物馆为主题的特色文化商圈，博物馆对北京国际消费中心城市、全球数字经济标杆城市建设的贡献持续增大。

第三章 主要任务

一、建设全域活态博物馆

（一）构建层次分明的空间布局

按照北京"一核一主一副、两轴多点一区"的城市空间结构，全面梳理北京历史文化资源，挖掘整合北京城市功能与空间发展潜力，构建由2条轴线、4个分区和多片重点文博区组成的"两轴四区多片"空间布局，建设全域活态博物馆。

构建中轴线及其延长线、长安街及其延长线2条空间轴线。南北方向强化中轴线的空间秩序和统领地位，串联南中轴地区、奥林匹克公园周边地区等博物馆集群。东西方向塑造长安街国家礼仪形象，串联长安街沿线及城市副中心、京西地区的博物馆资源。

构建博物馆之城核心引领区、探索示范区、整合创新区和环境协调区。推动东城区、西城区建设核心引领区，落实首都功能核心区定位，用好老城历史文化资源，充分发挥引领作用。支持朝阳区、海淀区、丰台区、石景山区、通州区建设探索示范区，充分发挥中心城区和城市副中心的教育、文化和政策优势，探索博物馆之城建设新模式，充分发挥示范效应。指导顺义区、大兴区、昌平区、房山区及经济技术开发区建设整合创新区，结合新城建设，加强资源整合利用，创新博物馆之城空间与功能组织模式引导门头沟区、平谷区、怀柔区、密云区、延庆区建设环境协调区，提炼区域文化特色，推动博物馆赋能乡村振兴，体现城市与生态协调发展理念。

在博物馆及城市文化资源高度富集区域，规划建设多片特色鲜明、亮点突出、功能互补、配套完善的重点文博区。

（二）建设特色鲜明的博物馆体系

到2035年，重点培育至少3家"世界一流博物馆"、50家"卓越博物馆"、100家特色中小型博物馆及一大批"类博物馆"。

积极参与中国特色世界一流博物馆创建计划，重点推动首都博物馆等至少3家博物馆成为代表中国特色中国风格中国气派、引领行业发展的世界一流博物馆。

实施卓越博物馆扶持计划，重点支持50家符合首都气质、首善标准的博物馆纳入"卓越博物馆"名录，实现特色化发展，推动成为国家一级博物馆。

实施中小型博物馆成长计划，有效盘活基层博物馆资源，培育100家弘扬古都文化、红色文化、京味文化和创新文化的"小而美"特色博物馆，并逐步纳入等级博物馆序列。

实施类博物馆培育计划，将具有部分博物馆功能、但尚未达到登记备案条件的社会机构纳入行业指导范畴，做好孵化培育。

服务和引导各类博物馆发展。服务央属博物馆做大做强,帮助高校博物馆增强社会服务能力,鼓励国有企业特别是老字号博物馆建设并向社会开放,支持航空、航天、铁道、邮政、金融等行业博物馆体系建设。支持以民间收藏、民俗文化为主题的小型收藏馆、展示馆建设,使"私家珍藏"走向"社会共享"。加强对非国有博物馆的业务帮扶,依法依规推进博物馆法人财产权确权,加大对社会力量兴办博物馆的扶持力度。

(三)建设国际一流的智慧型博物馆城市

坚持场景带动、标准驱动、数据融合,推动建设基础设施底座、大数据中心和3类应用体系,建成市民有感、城市有数、服务有智的智慧型博物馆城市。

夯实基础设施底座。充分利用国家文化专网、中国文物云和北京智慧城市共性基础设施,整合现有资源,构建智慧新型基础设施,提供共性服务。

统筹大数据中心建设。完善北京市博物馆大数据平台数据库,探索对接中华文化数据库、文化数据服务平台和国家文物资源大数据库,建设标准化、全量化的全域博物馆大数据中心。探索博物馆数据专区模式,推动数据汇聚融合共享,释放数据价值。借助北京市大数据平台,提升数据赋能能力,加速博物馆数字化转型。

加强应用体系建设。建设博物馆协同管理体系,提高治理能力。实施北京市博物馆大数据平台二期工程。探索博物馆绿色节能、安全监管、智能集控等管理模式,促进博物馆的全面、高效监管。基于"京通、京办、京智"三类智慧终端,推进馆城融合智慧协同,提升精细化管理水平和辅助决策能力。建设博物馆数字文化服务体系,提高供给能力。统筹全域博物馆服务入口,基于北京市博物馆大数据平台和"北京博物馆云"小程序,实现面向公众的展览推介、活动预约等统一服务,提升服务数字化水平。推出云展览、云直播、云讲座等数字文化产品,促进线上线下融合互动,提高文化传播力和影响力。鼓励应用科技赋能,提供智慧导览、数字人讲解等沉浸式新型互动体验。推动一批创新示范的智慧应用落地,引领京津冀地区博物馆高科技创新发展。建设博物馆数字文化消费体系,提高带动能力。鼓励采用市场化运作方式，吸引社会力量参与开发博物馆数字文化产品，推出一批数字文化IP，构建可感知、可体验的虚实融合数字消费新场景，支持与购物、餐饮、住宿、文娱、旅游、休闲消费等业态融合应用，激发新型文化业态消费潜力。

二、推进重点文博区建设

（一）统筹重点文博区规划布局

规划建设重点文博区，以地标型博物馆或重要博物馆集群为核心，以带动上下游产业及城市功能建设为目标，通过博物馆功能外溢与城市空间、功能充分融合，发挥博物馆的品牌影响、文化辐射、消费带动作用，推动城市更新，促进产业发展，带动居民就业，打造北京博物馆之城的基础单元和重要支柱。

统筹制定北京博物馆之城重点文博区建设方案，构建重点文博区主题序列，全面彰显"四个文化"基本格局。科学评估各区博物馆与文化资源条件、空间潜力，明确重点文博区的选址与范围。核心引领区依托中轴线、朝阜大街，构建重点文博区核心骨架。探索示范区以三山五园、南中轴、首钢园区、城市副中心绿心、奥林匹克公园周边地区、崔各庄、木樨地等地区文博资源为基础，构建重点文博区基础框架。整合创新区结合十三陵、周口店等世界文化遗产，大兴机场、首都机场等城市门户设施以及高精尖产业，鼓励引导特色文博区发展。环境协调区围绕长城文化、西山永定河文化，探索生态友好文博区建设模式。

引导新建博物馆选址与重点文博区布局相适应。推动城市建成区在城市更新进程中引入博物馆功能，鼓励利用历史文化街区、腾退文物建筑、名人故居、会馆、工业遗产、老旧厂房等闲置空间，文博资源丰富的城市公园、旅游景区、文化产业园区，以及历史文化名村镇、传统村落保护建筑等，引进各类专题博物馆和类博物馆。在有条件的非建成区，推动以新建博物馆或文化设施带动空间规划发展。按照"一区一策、一馆一案"模式统筹推进重点文博区建设，压实主体责任，明晰市区事权，逐步完善政策法规体系、规划建设体系、运营管理体系和视觉标识体系，推动重点文博区高质量发展。

（二）加快重点博物馆建设

结合京津冀协同发展、城市副中心规划建设等国家重大战略，以及长城、大运河国家文化公园建设等国家重大文化工程，支持、推动建设一批代表首都形象的现代化博物馆。配合中央和国家有关部门，推动故宫博物院北院区、中国人民革命军事博物馆通州分馆、国家美术馆、中国民族博物馆、中国体育博物馆、中国地质博物馆（新馆）、国家中医药博物馆等建设。指导推动一批市、区级博物馆建设项目，做好国家自然博物馆、北京大运河博物馆（首都博物馆东馆）、中国长城博物馆、西山永定河博物馆建设和开放服务工作。依托琉璃河、路县故城、新宫遗址等重大考古发掘项目和考古遗址公园建设项目，加强考古遗址博物馆建设。

结合城市更新行动，对现有市、区级博物馆基础设施进行渐进式、可持续更新改造和提质升级。实施"博物馆更新改造计划"，对中国长城博物馆、北京市考古遗址博物馆、平谷上宅文化陈列馆等一批建成开放时间较长的老旧博物馆进行升级改造、迁址改建；支持一批中小型博物馆在满足城市规划和设计要求的前提下，增加文物保护和公众服务设施；鼓励有条件的博物馆实施节能绿色化改造。

（三）推动重点文博区功能完善

积极推动重点文博区内博物馆与周边城市功能互动融合，充分发挥博物馆的人文效益、空间效益、经济效益和社会效益，引导上下游产业集聚发展，推动城市功能转型升级。

围绕重点文博区主题，推动文博区内设计服务、休闲旅游、商业消费、教育培训、高新技术等上下游产业发展。鼓励文化创意、影视制作、鉴定拍卖、出版发行等设计服务类产业入驻。鼓励旅游、健身、主题乐园等休闲产业发展，推动重点文博区嵌入城市旅游，创新发展虚拟场景体验等文旅活动。鼓励商业、餐饮设施引入博物馆功能，在城市商业综合体中搭建文化场景，鼓励在传统商圈改造中增设博物馆或增加博物馆功能。鼓励开展博物馆研学、夜游博物馆等活动，发展相关教育培训产业。

促进重点文博区内的博物馆与其他公共文化设施协同布局，引导不同规模、类型的博物馆互为补充，鼓励城市公共空间引入精品展览。完善文博区内外交通体系，做好各种交通方式接驳，建设步行友好、骑行友好的内部环境。提升全年龄段及家庭出行的环境品质，优化公园绿化、广场、步行道等公共空间，不断完善基础设施和公共服务设施。

三、提升博物馆功能品质

（一）加强藏品征集和保护

实施"北京记忆"征藏行动，引导各类博物馆树立专业化收藏理念，不断丰富藏品种类和数量，强化首都文化相关藏品征集。完善藏品征集政策，规范藏品征集程序。不断加大公共财政在藏品征集方面的投入力度，推动形成多层次、多渠道、多形式的文物流通体系。

推动各级各类博物馆对馆藏珍贵文物实现"应修尽修、应保尽保"。充分利用国家文物保护和北京历史文化名城保护等专项经费，系统保护和修复国有馆藏可移动文物，加强馆藏文物预防性保护，完善文物修复资质管理制度推动建设馆藏文物保护中心，提供藏品保管、保护、修复技术服务。推动博物馆因地制宜加强现代化库房建设。加大馆藏珍贵文物高清影像信息和三维信息采集比率，建立覆盖全市博物馆的藏品智慧管理系统，不断提高文物数字化保护水平。支持博物馆做好常态化文物鉴定咨询服务，构建文物知识传播服务体系。

（二）建设研究型博物馆

将科研能力作为北京博物馆之城的核心能力，以有分量的学术成果为文物赋能。发挥好博物馆学术带头人作用，建设具有优秀科研能力和业务水平的博物馆研究团队，重点攻关制约博物馆事业发展的关键问题。探索大型博物馆设立研究院、研究所、研发中心等科研机构，推动具备条件的博物馆进入科研事业单位序列。挂牌一批北京市文物局科研基地（工作站），支持有条件的博物馆建设国家文物局重点科研基地、文化和旅游部重点实验室。创新科研工作机制，完善博物馆科研成果评价制度，探索建立"博学研"协同创新机制，加强博物馆与在京高校、科研机构、智库的交流合作。持续加大市级财政科技计划对博物馆领域相关项目的支持力度。

注重提高博物馆学理论研究水平,加强学科建设。探索与高校、科研机构等联合建立国家级博物馆学科研究中心、文物保护利用科研中心和北京博物馆之城建设协同创新中心,打造北京博物馆之城专业智库。支持博物馆专业学术期刊成长发展,鼓励有条件的博物馆创办学术期刊。

(三)建设首都特色展陈体系

充分利用北京文脉底蕴深厚和文化资源集聚的优势,构建覆盖全市博物馆、全面展示首都文化的特色展陈体系,充分展现文物本身的历史价值、艺术价值和科学价值。

依托故宫等世界文化遗产以及北京皇家宫苑、寺庙园林、名人故居、胡同会馆、名镇名村、古桥古闸、古树名木等历史文化资源,构建源远流长的古都文化展陈体系。

依托建党、抗战、新中国成立三大红色文化主题片区资源,深度展示北京作为中国共产党重要孕育地的辉煌历史,全面展现在中国共产党的领导下我国全民抗战以及新中国成立后政治、经济、军事、科技、人民生活水平高速发展历程,构建丰富厚重的红色文化展陈体系。

依托北京丰富的非物质文化遗产资源,深入挖掘和转化多姿多彩京味文化艺术,从京味生活、京曲京艺、京韵乡村、当代"京范儿"等方面,构建特色鲜明的京味文化展陈体系。

依托北京国际科技创新中心功能建设,推动科技类、行业类博物馆发展,支持鼓励科技类博物馆展示前沿科技,强化国防教育和爱国主义教育,构建蓬勃兴起的创新文化展陈体系。

实施策展人制度,给予策展人更多话语权。完善策展人遴选与培养机制,培育一批独立策展人和专业策展机构。鼓励博物馆设立策展人工作室,办好策展人大会,设立博物馆展览交流推广平台和博物馆策展人联盟组织。

支持博物馆联合办展,举办巡回展览、流动展览、网上展示,提高藏品展示利用水平。改进博物馆展览供给方式,建立以需定供的菜单式展览服务模式。实施"北京故事"展示计划和"首都精品文物展览季"活动,组织开展优秀展览评选推介活动。将优秀博物馆展览项目纳入北京宣传文化引导基金等支持范围和相关市级奖项的奖励范围。

（四）强化社会教育和知识共享

丰富博物馆社教活动内容，广泛开展博物馆里过传统节日、纪念日活动，加强对中华优秀传统文化、革命文化、社会主义先进文化的研究阐发、教育普及和传承弘扬。创新社教活动机制，推动全市博物馆设立教育专员，制定北京市博物馆教育服务的地方标准，建立北京博物馆之城教育项目库，组织开展优秀社会教育活动评选推介，打造社教活动品牌。加强馆校合作，建立完善博物馆资源进校园常态化机制，持续深化北京市中小学生社会大课堂对博物馆资源的利用机制，开展好北京市中小学生培育和践行社会主义核心价值观"七个一"活动。在全市博物馆创建100家"家校社"共育实践基地（博物馆校外教育基地），培育专业教育工作团队，对接"双减"政策要求，支持博物馆承担起"美育课堂""德育课堂""历史文化课堂"和"亲子教育课堂"的作用，依托部分有条件的大型博物馆探索设立儿童博物馆。持续推动铸牢中华民族共同体意识教育实践基地建设。推进博物馆文化走进养老服务机构、医疗机构，增进老年人群体在博物馆领域的参与度。

进一步完善博物馆文化传播和知识共享功能。推进博物馆走基层、进学校，推出"流动博物馆""快闪博物馆"，形成多层次、多焦点、多主体、多渠道、多内容的融合传播体系。开设博物馆之城专题栏目节目，加大与影视动漫行业合作力度，增加文艺作品中的博物馆形象，传播博物馆文化。实施北京博物馆全媒体推广计划，支持博物馆依托互联网、新媒体平台，推出一批综艺节目、纪录片、在线直播活动等精品传媒产品。

（五）提升博物馆开放服务水平

根据气候特点和博物馆实际，分类实施博物馆延时开放，打造博物馆夜间文化活动品牌，最大限度满足人民群众参观需求。着力提高博物馆讲解服务能力，优化馆内讲解服务供给，加大社会讲解规范和引导力度，不断拓展讲解服务形式，全面提升讲解服务质量。持续推进"北京之声博物馆"等重点项目建设，搭建起博物馆语音导览矩阵。

进一步拓展开放空间，优化服务配套，满足公众咨询、休息、餐饮等需求。完善博物馆照明、厕所、无障碍、标识标牌等相关服务设施，确保正常运行和使用。注重场馆保洁，保持良好的采光、通风条件，营造整洁卫生、优美舒适的参观环境。

四、推动馆城融合发展

（一）推动博物馆融入首都精神文明建设

用好各类博物馆资源，提升城市文化品质与公共服务能力，组织"博物馆进社区""博物馆之夜""博物馆课堂"等特色活动，助力各区参与创建全国文明城区、国家级全域旅游示范区，推动各区加大对博物馆建设和管理运行的投入。推动将博物馆之城建设成效纳入文明城区、全域旅游示范区考核指标体系，鼓励各区在精神文明建设工作中发挥博物馆的文化引领作用。

打造博物馆宣传展示体系，吸引更多群众走进博物馆。组建"北京博物馆之友联谊会"，跨馆际招募会员，提供多样化的会员服务，引导会员参与博物馆公益文化服务，为博物馆学术研究、藏品征集和公众服务提供支持。加强博物馆志愿者队伍建设，搭建博物馆志愿者服务平台，不断扩大志愿者规模，打造一支构成多元、专业多样的博物馆志愿者队伍；完善培训和激励机制，组织开展优秀博物馆志愿者评选推介活动，引导更多博物馆提供志愿服务岗位和培训机会。

依托城市公共空间，开展博物馆内容情景化展示。实施"微博物馆"推广计划，支持各类博物馆与社会主体合作，利用不可移动文物、历史建筑空间以及展墙、宣传栏、数字屏幕、艺术装置等多种载体，在各类城市公共空间因地制宜地设立一批具备展示传播功能的"微博物馆"，为市民和游客提供更多身边的中华优秀传统文化展示场景。在城市公园户外空间植入博物馆科普教育、文化传播功能结合公共设施设置沉浸式、体验式展示项目。统筹谋划在机场、火车站、公交枢纽等重要交通场站设置博物馆展示空间，宣传北京特色文化，打造城市窗口文化金名片。

（二）推动博物馆融入历史文化名城保护

将北京老城打造成全域活态博物馆示范区。在中轴线、长安街沿线、四重城廓等重点地区，加强城市地标与公共空间更新中历史文化相关主题的城市设计。鼓励为腾退后的不可移动文物增加博物馆功能，展示文物历史信息。结合传统街巷、历史街区的绣花式更新，利用腾退空间展示社区历史文化，鼓励有条件的街道设立街道博物馆。对作为博物馆开放的保护类建筑，推动周边环境整治，进一步扩大开放面积，为观众提供更丰富的展示空间。倡导博物馆社会教育功能的外溢，用好馆舍内外空间，全方位展示北京老城的文化活力。

调整优化三山五园博物馆群体系。加强三山五园地区博物馆协同展示，新建三山五园文化艺术中心、"两弹一星"与海淀博物馆、曹雪芹文化博物馆，提升圆明园、畅春园数字展示水平。使用博物馆展示方式，展现农业文化遗产、样式雷记忆遗产、历史河湖水系等，绘制山水城野交融的和谐画卷，提升三山五园文物保护利用示范区的文化内涵。

引导大运河、长城、西山永定河三条文化带沿线主题博物馆合理布局，保护展示文化带沿线各类历史文化遗产，讲好北京城历史文化脉络。

（三）推动博物馆融入国际消费中心城市建设

持续发展文博创意产业，拓宽馆藏文物向文创产品、服务设计开发转化的路径。设立北京市博物馆文化创意产品开发示范单位、示范产品名录，提升北京文博创意设计大赛品牌影响力。发挥文创产业孵化平台职能，培育一批优质文博创意企业，支持符合条件的文博创意企业在北京证券交易所挂牌上市。依托全市重要旅游景区、商业综合体、大型实体书店、机场、车站等区域开设博物馆文创展示销售中心。实施博物馆集市推广计划，依托庙会、展会、博览会等大型文化活动推广博物馆文创产品展销宣传。支持北京老字号品牌参与博物馆文创产品开发。

培育博物馆文化服务新业态。支持一批博物馆公共服务空间和服务设施升级，优化基础设施，拓展服务领域，提供支付、语种、应急等便利化服务。探索引入优质餐饮、休闲、文化创意服务企业，通过文化活动带动餐饮、购物等综合消费，引入在线直播、沉浸体验、剧本游戏等科技、文化场景，搭建富有活力的文化新空间。建设博物馆主题文化商圈。推动博物馆文化资源赋能城市商业发展，与城市消费空间深度融合，主动融入北京国际消费中心城市建设。结合北京国际消费体验区建设，在王府井、西单、前门、CBD、三里屯、环球影城、首都商务新区等商圈加入博物馆元素，打造独具人文魅力的商业街区。鼓励在传统商圈改造中增设博物馆，在城市商业综合体中搭建博物馆场景，在社区活力生活圈中建设社区博物馆。

（四）推动博物馆融入乡村振兴战略

加强乡村历史文化遗产保护利用，系统展示乡村古桥、古井、古码头、农业遗产等。依托表演艺术、手工技艺、民俗活动等展演设施，活态展示乡村非物质文化遗产。依托历史文化名村、传统村落，建设具有北京特色、可持续的生态博物馆，保护地域传统文化，维护文化多样性。

繁荣发展乡村文化。全面贯彻乡村振兴战略和完善城乡社区综合治理总体要求，围绕美丽乡村主题，加强乡村博物馆建设。编制北京市乡村博物馆建设运营规范性文件，鼓励文化资源丰富的乡村建设乡村博物馆，支持将原有的乡情村史陈列室改造提升为乡村博物馆，用于集中收藏、展示见证乡村传统文化、历史文化、特色文化及生产生活的各类文物、实物，丰富乡村公共文化配套设施，助推乡风民风美起来、人居环境美起来、文化生活美起来。鼓励村集体、乡村文化团体参与乡村博物馆建设。

展示北京乡村特色内涵。结合北京特色农产品生产基地建设，增设博物馆功能，促进一、二、三产业融合发展。推动博物馆与中国农民丰收节等农业节庆活动相结合，策划举办特色文化活动。鼓励乡镇政府和村集体依托乡村民俗活动、红色资源、绿水青山等主题设置专题博物馆。支持将博物馆文化元素融入特色民宿，提升乡村旅游的附加值和吸引力。

（五）推动博物馆融入区域协同发展战略

全面落实《京津冀博物馆协同创新发展合作协议》，搭建京津冀三地博物馆更加紧密的协作机制。围绕燕文化起源与发展、永定河与中华文明起源等跨地域的重大文化命题开展联合调查研究、技术攻关，推动京冀联合开展"进京赶考之路"相关革命文物保护、利用工作。打造京津冀文化展示与研究体系，策划举办京津冀文化系列主题巡展。推动北京博物馆之城优质资源外溢，鼓励北京博物馆向津冀地区，特别是雄安新区输出展览和教育活动，鼓励北京博物馆在津冀地区建设分馆或帮扶中小博物馆。

参与支援帮扶协作和区域合作。实施北京博物馆伙伴计划，支持北京地区博物馆与中西部地区省、市博物馆结对友好博物馆。面向新疆和田、西藏拉萨、青海玉树等北京市对口支援地区建立博物馆支援协作机制，持续开展展览互换、课题研究、人才交流等多种形式的跨地协作，定向输出北京特色博物馆资源。建立北京博物馆资源开放平台，支持各地博物馆在文物修复、陈列展览、学术研究、人才培养、传播服务等方面与北京博物馆形成联动。立足首都博物馆，搭建全国博物馆展览平台，组织开展"精品文物进京展览"计划，每年策划、组织外省、市、区世界遗产地、历史文化名城、国家一级博物馆的文物进京展览10场以上。持续组织北京地区博物馆参与国家文物局、中国博物馆协会举办的各类全国性博物馆交流活动，不断提升北京博物馆之城的全国影响力。

支持粤港澳大湾区建设。健全完善京港澳博物馆交流合作机制，持续推动博物馆文化资源纳入京港青少年交流项目、京澳青少年交流项目，支持北京地区博物馆申报内地与港澳文旅交流重点培育项目，推动香港、澳门地区博物馆参与"精品文物进京展览"计划，创办京港澳博物馆文化论坛，鼓励港澳地区博物馆策展、研究领域专业人才来京进行博物馆前沿知识与技术的交流访问。

五、促进国际文化交流

（一）加强国际传播能力建设

坚守中华文化立场，加强博物馆文化价值的研究阐释，提炼展示北京文化地标和精神标识，构建北京博物馆国际叙事体系，讲好中国故事、传播好中国声音，展现可信、可爱、可敬的中国形象。

实施北京博物馆国际形象提升计划，支持博物馆打造对外宣传品牌，与国际传媒机构合作，加强对首都文化中华文化的传播推广。编辑出版展示北京博物馆风采的多语种系列出版物，制作播出多语种纪录片，运用数字技术创新传播内容和传播方式，用好海外社交媒体平台，推出具有国际影响力的融媒体传播产品。依托国家海外文化设施，推动与驻外文化机构共建合作传播基地，提高北京博物馆之城建设的国际传播力。

支持北京博物馆参加重大国际展会活动，依托中国国际服务贸易交易会等大型国际展会平台设立专题展区、组织专题活动，擦亮北京博物馆之城建设品牌。支持有条件的博物馆与国外博物馆建立友好合作关系，参与国际博物馆协会等国际组织活动。结合"国际博物馆日"等时间节点举办"北京博物馆活动月""博物馆大会"，集中推出一系列文化活动。参与中国援外文物保护工程，深化中日韩首都城市博物馆论坛机制，搭建境外学生来华人文交流项目北京博物馆平台基地，促进对外传播与人文交流。

（二）深化文明交流互鉴

立足北京博物馆丰富资源，深入开展各种形式的对外文化交流活动，展现中华传统文化多彩风貌，加强与世界各国人文交流，促进文明互鉴，推动构建人文共同体。

实施国际展览北京首展计划，联合北京地区具有国际交往能力的大型博物馆，共同组建"博物馆入境展览首展平台"。会同外事、海关等相关主管部门出台政策，吸引境外文化展览入境"首展"落地北京，每年引入50场左右境外文化展览在京展出，其中"首展"比例不低于30%。

建立北京博物馆出境展览项目储备库，深入挖掘首都文化内涵精髓，弘扬中华优秀传统文化蕴含的人类共同价值，推出一批北京故事、国际表达的文物外展品牌。

加强博物馆研究国际合作，支持有条件的大型博物馆与海外博物馆、研究机构联合申报科研课题，建立联合实验室，互派访问学者，支持北京博物馆高质量学术成果在海外出版发行。

实施北京博物馆之城朋友圈计划，积极参与国际博物馆协会城市博物馆委员会相关活动。对标国外重要博物馆城市，编制发布博物馆之城建设评价指标体系，提升博物馆领域国际话语权。

（三）服务国际交往中心功能建设

聚焦服务国家总体外交和完善国际交往中心功能体系，充分发挥博物馆在促进世界文明交流互鉴中的独特作用。

提升博物馆外事活动专业化服务能力和保障水平。在全市培育100家具有多语种服务能力的专业博物馆，完善中英文等多语种导览标识及相关设施配备，编印多语种简介或导览手册，培育一批具有外语讲解和涉外接待能力的专业讲解员。

做好国际交往活动场所培育。围绕城市副中心、南中轴地区、第四使馆区等国际交往中心重大项目建设，配套规划建设城市重点文博区和地标性博物馆，推动一批博物馆成为外交外事活动场所，打造特色化国家会客厅，为国际交往活动提供支撑。

加强博物馆国际旅游产品研发，鼓励旅游部门和国内外旅游企业依托北京博物馆文化资源开发入境旅游线路产品。支持符合条件的博物馆评定为A级景区，加大向入境游客推介北京博物馆文化资源的力度。

六、加强人才队伍建设

（一）构建多层次人才培养体系

立足博物馆事业发展实际需要，实施"京鼎工程""京博之星""京博匠师"工程，设立北京博物馆之城建设高层次人才库，重点打造博物馆领军人才、复合型人才、专业技术人才、高技能人才，制定博物馆馆长、策展人、讲解员专项培养计划，不断培养出业务能力强、综合素质高、适应新时代博物馆领域发展的优秀人才队伍。

实施博物馆领域"京鼎工程"，开展高层次领军人才培养。积极申报国家级高层次人才培养项目，引进海外博物馆领域高层次人才。设立博士后工作站，开展高层次人才专项业务领域研究。建立领军人才工作室，打造以博物馆学术带头人领衔的博物馆科研团队，在项目设立、资金使用、资源配置等方面给予较大自主权。通过"理论+实践"模式，培养后备领军人才，完善人才梯队建设体系。制定"优秀博物馆馆长培养计划"，开展文物行政部门负责人、博物馆（纪念馆）馆长、文物管理所所长专项培养。完善博物馆管理人才治理体系，破除体制机制障碍，提高管理人才治理能力、治理水平和职业素养。

实施博物馆领域"京博之星"工程，开展专业技术人才培养。积极申报国家级人才重点工程建设项目，制定优秀人才、中青年人才支持措施及"京博之星"人才评价实施办法，加大对博物馆展览、科研、社教等专项人才培养力度。实施"优秀博物馆策展人"专项培养计划，打造一批能力素质强、具有国际视野的博物馆策展人员；实施"优秀博物馆讲解员"专项培养计划，打造一批专业水平高、职业素养好的博物馆讲解人员。设立优秀人才、中青年人才专项科研课题，培养与新时代博物馆领域发展相匹配的科研学术带头人，创建中青年创新团队。与高校开展深度合作，在师资、技术、课程方面进行全方位支持，加大对可移动文物修复、预防性保护、科研等专业技术人才的培养。

实施博物馆领域"京博匠师"工程，开展高技能人才培养。推进博物馆领域技能大师工作室建设，研究制定博物馆领域技能大师工作室管理制度，加强对技能大师的支持力度。完善技能大师师承制度，加快技能人才特别是文物保护与修复、文物鉴定等急需技能方向人才的培养。推进《文物修复师国家职业技能标准》落地实施，培育一批符合修复师标准的高技能人才，拓宽高技能人才发展空间。持续举办职业技能竞赛，促进竞赛成果向教学成果、工作成果的转化。

（二）深化人才发展体制机制改革

完善人才发展制度。建立从业人员信息注册登记库，持续深化职业资格制度、职业技能等级认定制度、职称评审制度，基本形成设置合理、评价科学、管理规范、运转协调、服务全面的制度保障。

健全人才培养机制。完善在职人员培训制度，编制在职人员培训计划，实施分类分级培训。重点加强基层博物馆领域文物保护、鉴定等人员的教育培训。

改进人才评价机制。完善分类评价、品德评价、定向评价等人才评价标准，改进考试、评审、考核、考评结合、面试答辩、实践操作、业绩展示等人才评价方式，发挥文物行政部门、用人单位、社会组织等多元评价主体作用，改进博物馆业内人才评价机制。

（三）打造优质人才培养平台

搭建科研能力提升平台。创新科研机制，开展"一对一"科研帮带，发挥学术带头人科研优势和模范带头作用，提高青年人才学术科研水平，推动人才快速成长。在高校建立重点科研基地，加强科研力量整合，聚集国内一流文博人才，开展重点方向、重点工作、制约文博事业发展的问题研究，促进文博领域各学科交叉融合，全面提升文物保护利用和文化遗产保护传承水平。

搭建高校共建平台。紧密对接首都文博资源禀赋和专门人才需求，建立与高校协同针对性人才培养机制。与市内高校合作，加强博物馆学科人才教育，完善博物馆学科课程体系。推动"双师型"教师队伍建设，培育高校学术"理论型+文博单位实践经验型"互为补充的师资队伍。通过互换授课、互动研讨、课题项目共建等"双循环"校地交流模式，促进校地人才深度交流。

搭建行业共享平台。建立博物馆专家师资库，从国内外选拔专家、学者、优秀教师、一线工作者等，形成行业共享的专家资源。建立博物馆课程资源库，开展"文博讲堂"课程项目，打造线上精品课程平台。建设网络直播教室，开发配套仿真实训系统，创建远程互动教学模式。编辑出版《北京博物馆之城建设工作手册》，组编北京版博物馆专业培训教材，为高校博物馆专业教学和基层博物馆业务学习提供支撑。

搭建国际交流平台。建立博物馆人才国际培养交流合作机制，加强国内外交流合作。加大面向国际组织的中青年人才储备和推送力度，支持人才更广泛地参加国际学术交流与项目合作、任务承担，培养更多在国际上具有话语权的高层次人才。通过探索建立国际合作项目，打造一批具有国际视野、国际影响力的博物馆人才队伍。

第四章 保障措施

一、加强组织领导

加强党的全面领导，依托首都规划建设委员会、北京市推进全国文化中心建设领导小组等统筹协调机制，构建央地共建、市区联动、多部门合作、京津冀协同的工作体系。根据北京市人民政府与国家文物局签署的《共建北京博物馆之城战略合作协议》，将北京博物馆之城建设融入国家博物馆行业建设发展体系。发展改革、教育、科技、公安、民政、财政、规划自然资源、交通、文化和旅游等有关部门，根据各自职责，做好北京博物馆之城建设相关工作。发挥北京市推进全国文化中心建设领导小组博物馆之城建设专项工作组作用，积极参与国际博物馆协会和中国博物馆协会事务，组建北京博物馆之城建设专家委员会，强化北京博物馆学会的智库和联络功能，鼓励各区成立博物馆联盟或社团组织，形成工作合力。

二、加强改革创新

深化博物馆管理体制改革，研究推进国有博物馆、非国有博物馆建立理事会制度，探索权责对等、运转协调的决策执行和监督咨询机制。结合市属博物馆事业单位改革探索"总分馆"管理机制，推进综合性国有博物馆治理体系建设。推行"大馆+小馆"结对帮扶机制，组织大型博物馆为中小型博物馆提供技术、人才、资源、服务方面的支持。加强馆际间资源共享与协同合作，按照制度互通、人才互动、藏品互用、资源互融、服务互联的总体思路，建设博物馆资源供需对接数据库，完善北京博物馆之城协同发展机制。探索博物馆委托管理模式，在部分国有博物馆开展资产所有权、藏品归属权、开放运营权分置改革试点。推动建立以运营服务为纽带的博物馆集群，实现博物馆服务资源的集约化运营。实施博物馆公共服务社会化改革鼓励社会机构参与展览、教育和文创开发，培育一批博物馆社会化运营试点单位和示范项目。

三、加强政策保障

围绕博物馆之城建设，出台北京市落实中央宣传部、国家文物局等九部门《关于推进博物馆改革发展的指导意见》的实施意见，研究制定《北京博物馆条例》，健全相关行业和地方标准。贯彻落实《公共文化领域中央与地方财政事权和支出责任划分改革方案》，加强财政资金对博物馆之城建设的引导作用；完善市区两级财政资金投入机制，强化资金统筹，优化支出结构，优先保障重大项目支出，提升财政资金投入的科学性、绩效性。将博物馆之城建设纳入分区规划，提高土地资源集约利用，保障博物馆建设重大项目用地需求。设立北京博物馆之城建设公益基金，吸引社会资金投入博物馆之城建设。健全劳动、资本、知识、技术、管理、数据等生产要素配置机制，激发全社会参与北京博物馆之城建设的动力与创新活力。

四、加强监督管理

牢牢把握党对意识形态工作的领导权，严格落实意识形态工作责任制，坚守文化安全底线。积极探索新形势下博物馆之城建设的行业管理机制，在政策指引、行业准入、等级评定、藏品管理、社会教育、陈列展览、学术交流、馆际合作、宣传等方面加强指导与帮扶。定期对北京地区各博物馆进行评估，监测博物馆管理运行质量，加强对博物馆藏品征集和保护利用的监管。推动各博物馆通过年报、网站、媒体等方式，主动公开管理运行情况，接受社会监督。建立对北京博物馆之城建设发展规划执行情况的监督考核机制，定期考评约束性指标和重大任务、重要项目落实情况和实施效果。

附录3

呼和浩特博物馆之城建设总体规划

（2025—2035）

呼和浩特市文化旅游广电局（文物局）

目录

序言

第一章 编制背景
  一、资源概况
  二、发展成就
  三、发展机遇
  四、挑战与短板

第二章 总体要求
  一、指导思想
  二、规划思路
  三、规划依据
  四、基本原则
  五、发展目标

第三章 主要任务
  一、统筹优化总体布局
  二、健全完善体系结构
  三、夯实基础强化功能
  四、深入推进馆城融合

第四章 保障措施
  一、组织领导
  二、改革创新
  三、资源保障
  四、人才保障
  五、监督管理

序言

博物馆是城市文化的重要产物，熔铸了所在区域的文明历史，承载着当地民众的集体记忆，是城市重要的公共文化资产，是衡量城市文化软实力和综合竞争力的重要指标之一。党的十八大以来，以习近平同志为核心的党中央高度重视博物馆工作，习近平总书记多次就博物馆工作发表重要论述，作出一系列重要指示批示，为新时代博物馆事业高质量发展指明了前进方向。2021年5月，中宣部、国家文物局等九部门发布《关于推进博物馆改革发展的指导意见》，部署推动"在文化资源丰厚地区建设'博物馆之城''博物馆小镇'等集群聚落"。

呼和浩特是国家历史文化名城。呼和浩特平原及其周边地区自古以来就为人类提供了生息繁衍的丰厚沃土和优良环境，进入历史时期以后更是成为中原农耕文化与北方草原游牧文化不断碰撞交融的主要地域。近现代历史上，汉、蒙、回、满等各族儿女在中国共产党的领导下，像石榴籽一样紧紧抱在一起，共同绘就了团结奋斗的壮美画卷。

呼和浩特市委、市政府为全面贯彻党的二十大、二十届三中全会精神，落实中宣部、国家文物局关于建设"博物馆之城"的总体要求，落实《内蒙古自治区"十四五"文物事业发展规划》《内蒙古自治区"十四五"文化和旅游融合发展规划》《呼和浩特市国民经济和社会发展第十四个五年规划和2035年远景目标纲要》的相关部署，聚焦落实习近平总书记交给内蒙古的五大任务和全方位建设模范自治区两件大事，围绕全方位提升首府的经济能级、文化能级、治理能级、生态能级、人口能级，全面建设现代化区域中心城市，特制定本规划。

第一章 编制背景

一、资源概况

呼和浩特是蒙古语音译，意为"青色的城"，是内蒙古自治区首府，全区政治、经济、文化、科教和金融中心。呼和浩特总面积1.72万平方公里，其中建成区面积272平方公里。现辖4区、4县、1旗和1个国家级经济技术开发区及和林格尔新区。近年来，呼和浩特以铸牢中华民族共同体意识为主线，经过系统调研和梳理全域优秀自然人文资源，遵循空间分布规律，形成了"一廊·两轴·五带"的文旅空间发展格局。

呼和浩特历史悠久，文化底蕴深厚，有着50万年的人类活动史，5000多年文化史，近2400年建城史。大窑文化开启了呼和浩特地区文明的曙光，海生不浪仰韶文化铸就了呼和浩特地区文明的辉煌。战国赵武灵王在此设云中郡，北魏在这里定都"盛乐"，辽、金、元时期，丰州城各民族交往交流交融，明代修归化城互市通商，清代建绥远城戍守边疆。1925年，在中国共产党的领导下，绥远工委成立，开始了艰苦卓绝的革命斗争。1949年"九·一九起义"，绥远和平解放，1954年恢复原名呼和浩特。

呼和浩特可移动和不可移动文物资源丰富，现有不可移动文物点1534处；全国重点文物保护单位21处、自治区级文物保护单位69处、市县级文物保护单位77处；长城资源各类遗存共计1595处（座/段），战国赵北长城、秦汉长城、汉代当路塞、北魏长城、金界壕、明长城墙体总长约655公里。文物古迹涵盖了古遗址、古墓葬、古建筑、摩崖石刻、近现代重要史迹和代表性建筑等，另有48处历史建筑和工业遗产。呼和浩特市非物质文化遗产资源富集，现有国家级非遗项目7项、自治区级非遗项目74项、市级非遗项目275项。截至2024年12月，呼和浩特市共拥有登记备案博物馆29家，文物商店1家，其中国有博物馆12家，非国有博物馆17家；一级博物馆4家，二级博物馆2家。同时还拥有类博物馆40余家。

二、发展成就

（一）场馆设施建设不断完善

呼和浩特市目前尚未达到每10万人拥有一座登记备案的博物馆，但备案博物馆数量、密度在内蒙古自治区居于首位，在全国民族地区省会城市中名列前茅。博物馆在四区四县一旗均有分布，涵盖综合地志、历史文化、革命纪念、自然科技、考古遗址、艺术、专题等多种类型，集中反映了红色文化、草原文化、农耕文化、黄河文化、长城文化等北疆文化特点。2024年，呼和浩特市新增国家一级博物馆3家，分别是：呼和浩特博物院、内蒙古自然博物馆、伊利草原乳文化博物馆（包括内蒙古博物院，目前呼和浩特市共有4家国家一级博物馆）；国家二级博物馆2家，分别是：和林格尔县盛乐博物馆、内蒙古斯琴塔娜艺术博物馆。数量众多、特色鲜明、门类丰富的博物馆，不仅彰显了呼和浩特市深厚的历史文化底蕴，且丰富了市民的文化生活，促进了文化旅游的深度融合和高质量发展。

（二）文化服务供给能力不断增强

为满足多样的文化需求，呼和浩特市域内博物馆积极推陈出新，举办不同类型、不同题材的展览，营造了丰富多彩的博物馆文化，吸引了广大人民群众前往参观。

2024年，全市各类博物馆接待观众819.45万人次，较2023年增长1.4倍。全市整合馆藏文物资源，策划并推出了如"交融之美——昭君出塞和亲之路沿线精品文物专题展""问蜀——东周时期的蜀文化特展""跃马万里——马文化特展"等20余场具有鲜明地域风格、彰显北疆文化特色的主题展览。举办了"博览、博育、博悦""庆祖国华诞·观博物北疆""博物馆之夜"等教育活动4619场次，参加社会教育约47.18万人次，以互动体验弘扬传统文化，在全社会掀起了持续升温的文博热。

2024年8月，第十届中国博物馆及相关产品与技术博览会在呼和浩特成功举办，四天展期内共有35万人次观众到现场参观，呼和浩特全市接待国内游客237.90万人次，实现国内游客总花费48.98亿元。

（三）制度体系建设层级不断健全

制度体系建设是推动博物馆事业高质量发展的重要基石。近年来，呼和浩特出台了《呼和浩特市博物馆促进条例》，组建了博物馆联盟，实行了市级博物馆总分馆制度，市县两级博物馆形成了相对完善的管理体系。一系列举措有效促进了文物的活化利用，为呼和浩特博物馆事业的发展注入了新的活力和动能，确立了博物馆在文化传承和创新发展中的核心地位，进一步提升了城市文化软实力。

（四）文旅融合发展水平不断提升

近年来，呼和浩特文化与旅游深度融合，显著提升了城市的文化能级和旅游品牌影响力。举办了世界蒙商大会、中国绿色算力大会、世界奶业大会、中蒙博览会等盛会，国际影响力持续提升。2024年，呼和浩特全市接待国内游客5534.06万人次，同比增长9.41%，接待国内游客总花费860.87亿元，同比增长11.37%，位列全区各盟市第一，累计接待国内过夜游客2263.37万人次，实现国内过夜游收入664.09亿元。接待国内一日游游客3270.69万人次，实现国内一日游收入196.78亿元。

三、发展机遇

（一）党和国家高度重视博物馆事业

党的十八大以来，习近平总书记对博物馆工作作出诸多重要指示批示，就博物馆事业发展提出一系列新理念、新思想、新要求，为新时代中国博物馆事业的发展提供了根本遵循。

党的二十大报告针对推进文化自信自强，健全现代公共文化服务体系，加大文物和文化遗产保护力度等擘画了发展蓝图。党的二十届三中全会通过的《中共中央关于进一步全面深化改革 推进中国式现代化的决定》提出深化文化体制机制改革，增强文化自信，发展社会主义先进文化，弘扬革命文化，传承中华优秀传统文化，加快适应信息技术迅猛发展新形势，培育形成规模宏大的优秀文化人才队伍，激发全民族文化创新创造活力等指导意见，为文化事业的建设指引了发展方向。中央九部委印发的《关于推进博物馆改革发展的指导意见》，提出在文化资源丰厚地区探索建设"博物馆之城"，为呼和浩特市打造"博物馆之城"提供了政策依据。

（二）铸牢中华民族共同体意识主阵地作用凸显

2023年6月，习近平总书记在内蒙古考察时深刻指出："铸牢中华民族共同体意识是新时代党的民族工作的主线，也是民族地区各项工作的主线。民族地区的经济建设、政治建设、文化建设、社会建设、生态文明建设和党的建设等，都要紧紧围绕、毫不偏离这条主线。无论是出台法律法规还是政策措施，都要着眼于强化中华民族的共同性、增强中华民族共同体意识。"这为新时代民族地区博物馆事业高质量发展指明了前进方向。

呼和浩特市为自治区首府，拥有丰富的文博资源禀赋，境内分布有众多古文化遗址、古墓葬、古建筑等历史文化遗存，博物馆数量位居全区前列。近年来，呼和浩特博物院年接待观众数量持续攀升，2024年已突破200万人次。2024年第十届"博博会"的成功举办，有力带动了文博热潮、博物馆热度持续升温，充分彰显了博物馆以文化人、以文育人的重要功能，社会各界对博物馆的关注度与参与热情不断提升，民族地区博物馆日益成为铸牢中华民族共同体意识的重要阵地。呼和浩特建设博物馆之城，打造文博事业新高地的战略部署，是贯彻落实铸牢中华民族共同体意识这一主线的具体实践，也是持续呵护"模范自治区"崇高荣誉的务实举措。

（三）内蒙古北疆文化品牌建设加速推进

党的十八大以来，习近平总书记高度重视内蒙古各项事业发展，就内蒙古工作发表一系列重要讲话、作出一系列重要指示批示，其中多次提到"北疆"概念。自治区党委立足内蒙古深厚的历史文化资源，紧密结合实际，提出打造北疆文化品牌的文化战略。

北疆文化是内蒙古大地上各种优秀文化的系统集成，是在各民族不断交往交流交融中形成的。打造好北疆文化品牌，对于我们贯彻落实习近平总书记对内蒙古的重要指示精神，办好两件大事，传承和弘扬好中华优秀传统文化，具有十分重要的意义。博物馆作为文化传承的重要载体，也是北疆文化深刻内涵的集中体现载体，只有不断推进博物馆高质量发展，才能更好地展现北疆文化的深厚底蕴，书写中国式现代化的内蒙古新篇章。

（四）新时代呼和浩特城市发展迸发活力

近年来，呼和浩特实现了经济增长的显著成就，全市主要经济指标增速达到十年来最佳水平。2023年，呼和浩特地区生产总值完成3802亿元，同比增长10%。经济总量在全国百强城市中排名大幅提升，在省会城市中排名上升1位。

呼和浩特全力培育"六大产业集群",全力打造"六个区域中心",全力建设"五宜城市"为呼和浩特综合竞争力和区域影响力的提升,以及持续健康发展奠定了坚实基础。呼和浩特市围绕"把城市精神立起来""把文博场馆用起来"的工作思路,加大文化资源挖掘力度,不断丰富提升文化表现形式。一系列举措加深了市民群众对于城市文化历史的认知,丰盈了青城文脉的精神内核,对城市文化繁荣起到巨大推动作用。

(五)博物馆的社会贡献率快速攀升

国家文物局发布的2023年我国博物馆事业发展最新数据显示,全国备案博物馆总数达到6833家,2023年全年举办陈列展览4万余个、教育活动38万余场,接待观众12.9亿人次。博物馆日益成为展示中华文化的重要窗口、对话全人类文明的重要平台、世界观察中国的重要媒介,在国家发展和公众生活中的作用日益凸显,社会关注度不断攀升,"文博热"持续升温。博物馆作为地方文化建设的阵地和文化传播的高地,作为城市软实力乃至综合实力提升的"新引擎",在促进城市经济社会发展中的作用越发显著。

博物馆的本地贡献度是城市(区域)软实力提升和硬实力增强的重要指标。博物馆通过与高知年轻人"双向奔赴",实现以展教、研学引领区域文旅消费新热潮,实现助力"文化走出去"战略践行,凸显了博物馆在赋能区域发展、社区建设和美好生活等方面的重要作用。博物馆更好地发挥了城市流量入口的作用,又发挥了旅游城市、区域中心城市建设的窗口作用。

(六)科学技术推动博物馆功能持续拓展

科学技术的快速发展,给博物馆带来巨大的影响和改变。近年来,互联网、大数据、人工智能等现代信息技术不断取得突破,数字经济蓬勃发展,数字化、网络化、智能化正在推动博物馆行业发生深刻的变革,以前所未有的力度重塑着博物馆的形态,重构着博物馆人与物、物与物、人与人的关系。博物馆由实体设施拓展到虚拟形态,博物馆藏品由实物延伸到数据信息,博物馆服务由传统方式向智能模式转变,博物馆文化传播逐步由单向输出向社会广泛参与转变。博物馆通过与数字技术的有效融合,提高了管理效能和文化传播力，博物馆更具科技感、未来感和趣味性，影响力空前扩大，对观众的吸引力极大增强。

四、挑战与短板

（一）博物馆展陈水平偏低

呼和浩特市域内博物馆数量虽在自治区居于首位，在民族地区名列前茅，但门户地标、文化标识性的大型博物馆凤毛麟角，尚未形成合力效应。同时存在空间分布不均、题材类型发展不均的问题，一些基层博物馆收藏体系不健全，基本陈列设施老化，展览内容陈旧，展示手段落后。

（二）博物馆服务能力滞后

全市博物馆临时展览、社会教育活动数量较少，主要集中于内蒙古博物院、内蒙古自然博物馆、呼和浩特博物院。非国有博物馆由于政策、补贴等相关支持力度不足等因素，发展较为缓慢，普遍运营不佳。个别场馆还存在常年闭门不开的现象。部分博物馆集群未制定相关管理办法，对引入的文博场馆未进行统一管理，存在产品供给较差、布局不合理的情况。综合管理、讲解服务人员数量不足，志愿者队伍建设薄弱、服务设施建设亟待提升，与国内外博物馆交流合作有限。

（三）博物馆文旅商产业链未形成

博物馆与城市其他功能之间缺乏互动。部分博物馆，尤其是部分规模较大的博物馆或博物馆集群周边缺少相应的公共设施，无法提供观展前后的全年龄段休闲娱乐。部分博物馆交通不便，导致场馆可达性差。博物馆的辐射范围也未能进入到地铁、公交车站、火车站、机场等城市公共空间中。产业方面，大部分博物馆文创产品缺失，配套商业匮乏，博物馆的文化元素未能为在地产业赋能，在地产业也未能为博物馆文化外溢提供有效载体。

（四）博物馆理论研究和科技支撑薄弱

科研方面，整体学术建设能力偏弱。2023年，呼和浩特全市博物馆全年共开展科研项目17项，出版刊物19本，发表论文63篇。科研开展、刊物出版、论文发表、科研人员馆际之间分布不均衡。科研人员是研究开展的主体，2023年，呼和浩特市域内博物馆仅拥有专业技术人员332人。

呼和浩特市大部分博物馆与高等院校、科研院所未能形成良好的合作机制，"博学研"体系未能形成，以文化遗产为主题的社会科学项目立项较少，研究型博物馆建设不充分。数字化进程迟缓，未形成融合博物馆安全管理、藏品保护保管、展览、公众服务为一体，以物、人、数据动态双向多元传播为核心的智慧博物馆体系。

第二章 总体要求

一、指导思想

以习近平新时代中国特色社会主义思想为指导，全面贯彻落实习近平文化思想、党的二十大、二十届三中全会精神和习近平总书记考察内蒙古重要讲话精神，以铸牢中华民族共同体意识为主线，践行"保护第一、加强管理、挖掘价值、有效利用、让文物活起来"的新时代文物工作要求，将博物馆事业融入呼和浩特全市经济社会发展大局，推动文化赋能城市更新、乡村振兴、文旅产业转型升级，建成富有"青城特色、北疆风韵、中华气质"的特色博物馆之城，为谱写中国式现代化首府新篇章贡献力量。

二、规划思路

呼和浩特博物馆之城是铸牢中华民族共同体意识的核心载体，在充分分析呼和浩特地理区位、文化遗存和建设成就的基础上，特别是深化各民族交往交流交融历史见证的理解，统筹优化总体布局，健全完善体系结构，夯实基础强化功能，深入推进馆城融合，推动创新体制机制，打造一系列文化交流和传播平台，推动中华优秀传统文化在全社会的广泛传播。博物馆之城将充分利用呼和浩特丰富的文化资源，构建起包括物质文化遗产和非物质文化遗产在内的多层次、多类型的展陈体系，使不同民族的文化在此汇聚、展现，充分展现北疆文化深厚底蕴。

三、规划依据

《中华人民共和国文物保护法》（2024）

《中华人民共和国公共文化服务保障法》（2016）

《中华人民共和国非物质文化遗产法》（2011）

《中华人民共和国旅游法》（2018）

《博物馆条例》（2015）

《旅行社条例》（2016）

《长城保护条例》（2006）

《公共文化体育设施条例》（2006）

《中华人民共和国文物保护法实施条例》（2017）

《关于推进博物馆改革发展的指导意见》（2021）

《国家级文化生态保护区管理办法》（2019）

《导游管理办法》（2017）

《旅游安全管理办法》（2016）

《国家级非物质文化遗产保护与管理暂行办法》（2006）

《博物馆管理办法》（2006）

《国内旅游提升计划（2023-2025）》（2023）

《关于释放旅游消费潜力推动旅游业高质量发展的若干措施》（2023）

《国民旅游休闲发展纲要（2022—2030年）》（2022）

《内蒙古自治区文物保护条例》（2005）

《内蒙古自治区非物质文化遗产保护条例》（2017）

《内蒙古自治区国民经济和社会发展第十四个五年规划和2035年远景目标纲要》（2021）

《内蒙古自治区"十四五"文物事业发展规划》（2021）

《呼和浩特市博物馆发展促进条例》（2024）

《呼和浩特市国民经济和社会发展第十四个五年规划和2035年远景目标纲要》（2021）

《呼和浩特市国土空间总体规划2021-2035》（2022）

《呼和浩特市历史文化街区保护规划》（2014）
《呼和浩特市长城保护条例》（2023）

四、基本原则

——坚持党的全面领导。坚持党对博物馆事业的全面领导，牢牢把握意识形态工作主导权；旗帜鲜明讲政治，以社会主义核心价值观为引领，突出博物馆的公益属性和社会效益。

——坚持以人为本。坚持以人为本的工作导向，将满足人民日益增长的美好生活的需求，贯穿博物馆之城建设的始终，积极引导社会力量参与博物馆之城建设。

——坚持新发展理念。把新发展理念贯穿博物馆之城建设全过程和各领域，推动博物馆事业在质量上变革，在适度推动"增量"建设的同时，着力推动"存量"提升，实现补齐短板和提升质量的有机结合。

——坚持融合创新。认真贯彻"保护第一、加强管理、挖掘价值、有效利用、让文物活起来"的新时代文物工作要求，推动博物馆之城建设主动服务和融入新发展格局。

五、发展目标

（一）中期目标

到2027年，博物馆之城建设有序开展，博物馆发展质量有效提升，博物馆发展与呼和浩特现代化区域中心城市战略定位相适应，"一个核心、五大体系、多点共建"的城市博物馆体系格局初步形成，博物馆事业对城市经济社会发展贡献率显著提升，呼和浩特博物馆的影响力不断增强，对全国民族地区博物馆事业、博物馆之城建设起到示范引领作用。

到2030年，呼和浩特博物馆事业实现跨越式发展，"布局合理、特色鲜明、产品丰富、活力充沛"的发展格局初步显现，在博物馆空间布局、质量水平、产品供给能力、馆城融合发展及国际影响力等重要方面取得新突破，为打造"回望千年，博物北疆"文化品牌贡献力量。

——布局合理。形成"一个核心、五大体系、多点共建"的城市博物馆体系格局，五大系列文博区建设初见成效。改扩建一批具有北疆文化特色的地标性博物馆，一批独具特色的重点文博区初具规模，实现每10万人拥有1座博物馆的目标。

——特色鲜明。坚持以铸牢中华民族共同体意识为主线，围绕北疆文化主题，构建呼和浩特博物馆之城的特色展陈体系、特色教育体系、特色制度体系，发挥首府带动引领作用，充分连接呼包鄂乌城市群的文化资源，增强辐射影响，推进协同发展。实现一二三级博物馆数量显著增长，博物馆功能不断完善，国有、非国有博物馆数量更加均衡。

——产品丰富。博物馆文化产品供给能力持续增强，品质不断提升，展览精品、文创产品不断涌现，育人功能不断完善，以北疆文化为主题的特色展陈体系初步形成，研究型博物馆初步建成，智慧博物馆平台、博物馆之城综合服务平台、新媒体矩阵初步建成，全市博物馆每年举办展览数量超30个，举办线上线下教育活动超5000场次。

——馆城融合。馆城融合发展效能初步显现，博物馆产业链建设初步形成，博物馆与旅游、科技、商业、教育、设计等业态融合发展，一批博物馆文化新空间、博物馆商圈初步形成，一批"微博物馆"走进城市公共空间，博物馆对国际特色消费中心城市建设的贡献效应初步显现。

（二）长期目标

到2035年，全面建成具有"青城特色、北疆风韵、中华气质"的呼和浩特博物馆之城。博物馆成为铸牢中华民族共同体意识的重要阵地，北疆文化的重要支撑。博物馆与城市发展深度融合，博物馆事业成为现代化区域中心城市建设的重要支柱。博物馆之城成为呼和浩特对外开放、国内外交流合作的金色名片。

——青城特色。进一步彰显呼和浩特独树一帜的自然风貌和人文精神，推动博物馆与旅游、科技、商业、教育、设计等业态融合向纵深发展。不断夯实铸牢中华民族共同体意识的基础，成为铸牢民族命运共同体的典范城市，全方位建设模范自治区博物馆体系，谱写中国式现代化呼和浩特新篇章。

——北疆风韵。北疆文化的深厚内涵逐渐彰显，作为北疆文化的核心展示平台，一批具有北疆文化特色的地标性博物馆相继涌现，建成以北疆文化为主题的重要博物馆集群和特色展陈体系。

——中华气质。中华优秀传统文化魅力和精髓的挖掘、利用更加深入，铸牢中华民族共同体意识深入人心，打造一批具有全国影响力的重点文博区、培育一批具有中华文化感召力和城市形象亲和力的精品展览，展示中华文明取得的灿烂成就，不断增强民族凝聚力、民族自豪感。

第三章　主要任务

一、统筹优化总体布局
（一）构建博物馆之城总体布局

围绕呼和浩特市"一主一副、一核两翼、两轴多点"的城镇空间格局和"一廊两轴五带"的文旅发展格局，构建"一个核心、五大体系、多点共建"的博物馆之城体系。

一个核心，即青城文化展示核。以呼和浩特历史文化城区为基础，依托大南街大北街、丝绸之路大道"两轴"空间骨架，挖掘归化城、绥远城"双城"历史文化资源，构建青城文脉展示核。按照全域博物馆建设要求，立足"一座城市就是一座博物馆"的总体目标，面向全市着力打造"室内外相结合、随处可见、随处可展"的博物馆空间设施布局。建设串联全市博物馆和文化遗产资源的城市全域博物馆展陈体系，依托古建筑、历史文化街区、爱国主义教育基地、城市文化空间建立系列城市展厅，结合露天文化遗产和城市雕塑等公共艺术作品设立系列城市展台，结合全域博物馆标识与导览体系，系统展示"青城文脉"主题内容。

五大体系，即围绕北疆文化的五个基本内涵，根据市域内各旗县区文化资源禀赋，规划建设红色文化、草原文化、农耕文化、长城文化、黄河文化五个系列重点文博区，推动区域文化多样性发展，提升文化联动，提供丰富多样的文化体验。

多点共建，即围绕呼和浩特城镇空间格局和呼和浩特博物馆之城体系，合理利用现有资源，优化提升或规划引导改扩建一批独具特色的博物馆。

（二）推动重点文博区建设

重点文博区以地标型博物馆或重要博物馆集群为核心，以带动上下游产业及城市功能建设为目标，通过博物馆功能外溢与城市空间、功能充分融合，发挥博物馆的品牌影响、文化辐射、消费带动作用，推动城市更新，促进产业发展，带动居民就业，成为呼和浩特博物馆之城的基础单元和重要支柱。

制定呼和浩特博物馆之城重点文博区布局与建设方案，到2035年实现旗县区重点文博区全覆盖。按照一区一策要求，督导旗县区制定本地区建设方案，培育文博品牌。围绕重点文博区主题，推动文博区内设计服务、休闲旅游、商业消费、教育培训、高新技术等上下游产业发展。鼓励文化创意、影视制作、鉴定拍卖、出版发行等设计服务类产业入驻。鼓励旅游、健身、主题乐园等休闲产业发展，推动重点文博区嵌入城市旅游，创新发展虚拟场景体验等文旅活动。鼓励商业、餐饮设施引入博物馆功能，在城市商业综合体中搭建文化场景，鼓励在传统商圈改造中增设博物馆或增加博物馆功能。鼓励开展博物馆研学、夜游博物馆等活动，发展相关教育培训产业。

促进重点文博区内的博物馆与其他公共文化设施协同布局，引导不同规模、类型的博物馆互为补充，鼓励城市公共空间引入精品展览。完善文博区内外交通体系，做好各种交通方式接驳，建设步行友好、骑行友好的内部环境。提升全年龄段及家庭出行的环境品质，优化公园绿化、广场、步行道等公共空间，不断完善基础设施和公共服务设施。

专栏一　五大体系文博区建设工程

1.红色文化系列文博区

依托乌兰夫纪念馆、乌兰夫故居红色文化旅游区、贾力更烈士纪念馆、荣耀先烈士故居、大青山抗日游击根据地旧址旅游区、老牛坡红色文化旅游区等红色资源，完善配套设施，建设红色文化系列文博区。

2.草原文化系列文博区

依托武川博物馆、北魏皇家祭天遗址、敕勒川国家草原自然公园、哈素海旅游景区等资源，完善配套设施，建设草原文化系列文博区。

3.农耕文化系列文博区

依托海生不浪文化遗址、土城子考古遗址、丰州故城博物馆、清水河县杂粮博物馆、莫尼山非遗小镇等资源，完善配套设施，建设农耕文化系列文博区。

4.黄河文化系列文博区

依托大窑遗址、云中古城、托克托县博物馆、水旱码头遗址、老牛湾黄河大峡谷5A级旅游区等资源综合开发，完善配套设施，打造集室内室外、静态动态为一体的黄河系列文化文博区。

5.长城文化系列文博区

依托新城区、回民区、赛罕区、土默特左旗、和林格尔县、清水河县、武川县丰富的战国赵北长城、秦汉长城、北魏长城、金界壕、明长城等资源，完善配套设施，打造长城文化系列文博区。

（三）鼓励支持特色博物馆建设

按照《呼和浩特市"十四五"发展规划》总体要求，配合完成内蒙古博物院迁址，扎实做好已纳入各项规划的博物馆建设工作。鼓励区域内高校、科研机构、工业园区设立博物馆并向公众开放。鼓励公安、自然资源、生态环境、卫生健康、农牧、民政、人民防空、司法、体育等行业领域建设特色专题博物馆，并实现对外开放。鼓励民营企业、社会组织兴办博物馆，并实现对外开放。对符合条件的城市文化空间进行改造，融入博物馆功能。推动改扩建一批市级和旗县区博物馆，力争实现各旗县区至少拥有一座综合性博物馆。

> **专栏二　特色博物馆建设工程**
>
> 　　结合本市情况，探索打造内蒙古马文化博物馆、黄河文化展示体验馆、平绥铁路博物馆、内蒙古军事博物馆等一批专题性博物馆；大窑遗址博物馆、海生不浪文化公园（博物馆）、土城子考古遗址博物馆、北魏祭天遗址展示馆等一批考古遗址博物馆；蒙牛乳业科技体验馆、小草种子乐园、哈素海国家湿地公园科普馆等一批自然科学博物馆。
>
> 　　加强区域性博物馆建设，力争实现每个旗县区至少落成一座综合性博物馆，支持有条件的街道、乡镇打造特色专题博物馆或类博物馆。结合城市更新项目，对制锁厂、洗涤剂厂等符合条件的工业遗产、老旧厂房进行创意性改造，融入博物馆服务功能，构建彰显腾退空间特色的新型文博空间，在服务市民和游客的同时凸显城市记忆和展现呼和浩特历史风貌。

二、健全完善体系结构

（一）全面支持不同层级博物馆建设发展

实施"呼和浩特市重点博物馆发展计划"，引导和支持一批符合首府气质、首府标准的重点博物馆做大做强，跻身中国博物馆事业的第一梯队，重点加强呼和浩特博物院功能建设，提升公共文化服务能力。实施"呼和浩特市精品博物馆支持计划"，推介和扶持反映北疆文化的专题博物馆发展。实施"呼和浩特市特色博物馆成长计划"，孵化和培育具有呼和浩特市文化特色的小型、微型博物馆及类博物馆，推动其提升专业水平，融入博物馆大家庭。引导各类博物馆纳入博物馆定级评估范畴，不断提高定级博物馆比重。

（二）支持推动不同类型博物馆有序发展

依托重大考古发掘项目和考古遗址公园，大力加强考古遗址博物馆建设,做好呼和浩特市考古成果的挖掘、整理、阐释、传播工作,充分展示考古发掘成果。

结合历史文化轴带空间规划,培育老字号、商号等博物馆、展示馆建设。

依托呼和浩特丰富的红色文化资源,推进革命博物馆、纪念馆提档升级。

立足呼和浩特市产业特点,以伊利、蒙牛、蒙草等重点企业为抓手,探索建设产业博物馆。

(三)促进行业博物馆可持续发展

建立针对行业国有博物馆的联合认证、共建共管机制,制定差异化的扶持政策,鼓励引导不同举办主体、不同题材类型的行业博物馆做精做优,可持续发展。有效运用文博单位在运营管理、充实藏品、保护修复、开放服务等方面的富余资源支持行业博物馆发展。鼓励内蒙古大学、内蒙古师范大学、内蒙古医科大学等高校博物馆、校史馆向社会开放。

(四)推动非国有博物馆规范和健康发展

坚持守正创新,规范和扶持并举。加强对非国有博物馆的管理工作,加强对藏品、展览、教育活动、人事、财务等方面的规范管理;指导建立健全理事会制度;依法依规推进博物馆法人财产权确权;健全退出机制;探索建立信息公开和信用档案制度。加强对社会力量兴办博物馆进行专业指导、业务帮扶,促进对非国有博物馆展陈质量的服务引导和专业指导,确保陈列展览遵守有关法律法规和公序良俗,展览主题和内容坚持社会主义先进文化的前进方向;加强对展藏活动的指导;帮助提升藏品保护管理水平;促进增强公共文化服务能力。激发创新活力,鼓励非国有博物馆探索更加灵活的运营机制。

(五)实施类博物馆培育计划

为鼓励和引导"类博物馆"发展,逐步开展"类博物馆"开放试点认定,引导具有部分博物馆功能、但尚未达到登记备案条件的"类博物馆"机构逐步提升水平,面向公众开放。制定出台"类博物馆"评估标准、培育计划,完善类博物馆管理制度、扶持政策,提升类博物馆的展陈质量,完成一批符合条件的"类博物馆"挂牌开放。指导社区（村镇）利用闲置空间展示社区（村镇）历史文化，鼓励在革命史迹、名人故居的保护利用中完善博物馆功能，支持党政机关、社会团体、工商企业、城市公共空间等设置展陈内容，宣传展示中华优秀传统文化。

三、夯实基础强化功能

（一）落实"以铸牢中华民族共同体意识为主线"的工作要求

深入贯彻落实党的二十大、二十届三中全会精神以及中央民族工作会议、全国民族团结进步表彰大会精神，扎实推进中共中央办公厅、国务院办公厅印发的《关于全面深入持久开展民族团结进步创建工作铸牢中华民族共同体意识的意见》，将铸牢中华民族共同体意识融入新时代呼和浩特市域内博物馆建设中，诠释连绵不断、兼容并蓄、多元一体的中华民族史。紧扣中华民族整体性、共同性、实体性，以展馆为载体，激发各民族群体的中华民族集体记忆；以文物为媒介，描画各民族融合发展的历史轨迹；以展品为依托，挖掘中华民族共同体意识的文化基因，使博物馆成为中华民族共同体话语叙事体系的重要组成部分。

专栏三　铸牢中华民族共同体意识教育实践基地建设工程

加强现有博物馆在"铸牢中华民族共同体意识建设"方面的工作成效：结合传统节日、纪念日等推出铸牢中华民族共同体意识的主题展览，展示各族人民在这些节日中的共性文化与情感纽带，体现中华民族一家亲的理念。举办"铸牢中华民族共同体意识"展览方案征集和展品征集活动，邀请公众设计展览方案，或以绘画、摄影等方式提供展品，激发公众参与，共同探索和传播铸牢中华民族共同体意识。引入相关主题展览，通过多元的视角和丰富的展品，进一步增进观众对铸牢中华民族共同体意识的深刻理解。创新实施多种形式的博物馆教育活动，举办讲座、体验工坊、微课、微视频等研学活动。鼓励

> 各级博物馆开展"七进"活动，在全社会形成自觉维护民族团结、社会稳定的良好社会氛围。

（二）做好北疆文化遗产的保护与收藏

全面加强馆藏文物预防性保护，完善博物馆文物保护设施配备。推动各级各类国有文物收藏单位对濒危馆藏珍贵文物实现"应修尽修、应保尽保"。对博物馆藏品进行数字化、信息化建设，提高藏品"智慧保护""智慧管理""智慧服务"能力，不断提高文物数字化保护水平。积极推动考古出土文物移交、划拨机制的完善。

（三）建设北疆文化特色展陈体系

充分利用呼和浩特市文化底蕴深厚和资源富集的优势，建立覆盖全市博物馆的北疆文化特色展陈体系。积极打造陈列展览精品，针对部分现有的场馆展陈内容陈旧、展示手段单一等问题，做好博物馆展陈提升工作。积极举办弘扬社会主义核心价值观、体现呼和浩特市风土人情、彰显呼和浩特市多元一体文化的高水平展览。探索实施策展人制度，赋予策展人更多话语权。完善策展人遴选与培养机制，培育或引入一批独立策展人和第三方专业策展机构。支持博物馆联合办展，举办巡回展览、流动展览、网上展示，改进馆际交流策略，在引进的优秀展览基础上融入呼和浩特市文化内容，做到从基础引入到适应性"改编"，达成区域间IP联动，突显呼和浩特市博物馆品牌。

（四）强化社会教育和知识共享

丰富拓展博物馆社会教育活动内容，加强对中华优秀传统文化、社会主义先进文化的研究、阐释、教育普及和传承弘扬。鼓励社会参与，为博物馆教育提供多方智慧和多元保障。积极开发场馆研学游产品，逐步推进场馆教育进校园。按照"以人为本"原则，从群众需求出发，面向不同群体开展不同形式的社会教育活动，提升场馆参观的舒适度、体验感，激发社会大众对文博场馆的兴趣。

专栏四　博物馆之城教育体系建设工程

提升博物馆社会教育保障能力：以点带面，综合布局。统筹推进全域博物馆社会教育活动体系化、制度化建设，加强博物馆展览配套社会教育活动的投入与研发。鼓励高校、科研院所、文化企业、非遗传承人、社会力量等充分利用博物馆资源积极参与博物馆社会教育研发。鼓励有条件的博物馆设置专属的社会教育空间，配备专门的社会教育工作人员。

推进博物馆"七进"惠民活动：持续推进博物馆进校园、社区、军营、企业、乡村、机关、商场，延伸博物馆社会教育功能。开发一批文化宣讲、主题教育、互动体验等示范性社会教育活动，支持优秀博物馆社会教育活动向基层输送，促进博物馆教育广覆盖、均等化，保障广大基层群众的精神文化需求。

拓展博物馆青少年教育项目：积极开发场馆研学游产品，逐步推进场馆教育进校园。结合场馆特色，加强馆校联系，通过开展"博物馆一堂课""博物馆一日学""行走的文博课堂"等活动促进"到馆听课"和"送课进校"，推进课程开发，建设"双师课堂"提升教育功能。加强重点场馆青少年服务部门建设，培养服务人才，制定青少年参观、参与项目，提升对青少年服务的质量。进一步落实国家、自治区关于研学游相关文件精神，积极组织全市高校、中小学生走进场馆，建立研学游导师队伍。依托呼和浩特博物院和其他场馆等资源，打造场馆研学基地、教学基地。

（五）优化需求导向的博物馆服务

强化博物馆社会责任，争取将更多博物馆申请纳入免费开放博物馆补助名单。鼓励博物馆延长开放时间，活化利用场所空间、文化资源，推进公共文化服务均等化、便捷化、多样化和适老化，关注特殊群体参观需求，将博物馆打造成充满人文关怀的休闲文化场所，满足观众多元化需求。

加强博物馆管理人员、讲解员、志愿者的培训，切实提升博物馆服务能级和服务水平。构建智慧导览系统、语音导览服务、盲文导览内容等多类型、多语种的传播体系。加强多语种讲解人员职业修养与专业能力培养，鼓励博物馆多语种解说系统改造提升。

拓展博物馆服务领域，依托文化创意产业的发展，结合博物馆陈列展览及教育活动，开发特色文创产品，满足观众文化消费需求。引入餐饮、水吧、书店等服务设施，打造"一站式"参观体验，推动博物馆成为观众获取知识、陶冶情操、放松休闲的"文化绿洲"。

（六）提升博物馆数字化水平

落实国家文化数字化战略相关要求，提升博物馆数字化水平，支持博物馆数字化转型升级。主动对接国家文化大数据体系，推进呼和浩特市博物馆大数据体系建设。推动实施一批智慧博物馆建设项目，融汇全市博物馆在线服务资源，将智慧博物馆建设融入博物馆业务活动全流程。探索研发面向儿童、中小学生、老年人、残疾人等特殊群体的数字文化服务体验产品。

充分发挥新媒体平台在自媒体时代的便捷性、实时性和移动性优势，进一步整合数字资源，完善博物馆新媒体传播平台及传播矩阵建设，创新博物馆传播方式和信息流转机制，构建全媒体传播格局。充分利用腾讯、新浪微博、抖音、快手、小红书等主流新媒体平台及各级博物馆的微信公众号、微信小程序等公共传播渠道，通过短视频、直播、互动话题等多样化形式，策划和开展缤纷多彩的线上线下宣传活动。

四、深入推进馆城融合

（一）推动博物馆融入科技创新中心建设

鼓励博物馆增加科学展示内容，依托自身藏品，加大力度开展针对古代科学内容的挖掘，展示中国古代科学成就；大力弘扬科学家精神，继承和发扬老一代科学家优秀品质，加大对优秀科技工作者和创新团队的宣传力度，深入挖掘精神内涵，推出一批内涵深厚、形式多样的优秀展览，引导广大科技工作者自觉践行科学家精神，引领更多青少年投入科技事业。

支持有条件的博物馆设立科技创新展示区，展示呼和浩特在科技领域的最新成就和发展趋势。支持博物馆定期举办科学讲座、工作坊和互动展览，向公众普及科学知识，激发公众尤其是青少年对科学的兴趣。支持各类博物馆组织实施各具特色的科技下乡、进村入户等科普活动，推动形成崇尚科学的风尚。支持区域内各产业园区、企业设立博物馆或展示空间，引导其在展示自身的同时，加强对自身领域科学技术的展示及科普。

（二）推动博物馆融入生活消费中心建设

持续发展文博创意产业，拓宽馆藏文物向文创产品、服务设计开发转化的路径。举办呼和浩特市文创产品创意设计大赛，发挥文创产业孵化平台职能，培育一批优质文博创意企业。依托全市重要旅游景区、商业综合体、大型实体书店、机场、车站等区域开设博物馆文创展示销售中心。实施博物馆文创集市推广计划，依托各种大型文化活动推广博物馆文创产品展销宣传。引导呼和浩特老字号品牌参与博物馆文创产品开发。培育博物馆文化服务新业态。探索引入优质餐饮、休闲、文化创意服务企业，通过文化活动带动餐饮、购物等综合消费，引入在线直播、沉浸体验、剧本游戏等科技、文化场景，搭建富有活力的文化新空间。推动博物馆文化资源赋能城市商业发展，与城市消费空间深度融合，在成熟商圈加入博物馆元素，在城市商业综合体中搭建博物馆场景等。

（三）深化全方位区域合作

以《呼包鄂乌"十四五"一体化发展规划》为指导，将博物馆之城建设主动纳入呼包鄂乌一体化发展中，充分利用呼包鄂乌城市群的文化资源，促进协同发展。

围绕呼和浩特市开放发展格局，打造跨区域文化旅游线路和展览品牌。主动对接京津冀协同发展，优先建立与京津冀博物馆及其他文博机构的合作伙伴关系，加强博物馆建设、展览举办、文创开发、人才建设等方面合作交流，促进共同发展。加强与国内博物馆之城建设城市的交流合作，以"博物馆之城"建设为契机，定期举办"博物馆之城"交流对话等活动。

第四章　保障措施

一、组织领导

将博物馆之城建设工作作为全市重点工作任务，建立由市级分管领导牵头，市委宣传部、市发改委、财政局、文旅广局、教育局、自然资源局、民政局、农牧局等部门及各旗县区成员单位组成的"呼和浩特博物馆之城建设领导小组"，领导小组办公室设在市文化旅游广电局（文物局）。在领导小组的统筹指导下，建立联席会议制度，会同相关单位统筹指导呼和浩特博物馆之城建设有关工作，合力推动呼和浩特博物馆之城建设。

二、改革创新

进一步完善呼和浩特博物院"总分馆"管理体制，实施博物馆公共服务社会化改革，引入市场化竞争机制，鼓励社会机构参与展览、教育和文创开发，探索建立市场化运营体制机制，打通文创、场馆、特展市场化运营渠道。培育一批博物馆社会化运营试点单位和试点项目。积极开展联合培训、交流研讨、联合策展等人才交流活动；建立不同规模、不同层级博物馆之间的结对帮扶关系，推动大型博物馆为中小型博物馆提供人才、资源、服务方面的支持。建立文旅协同机制，整合文化和旅游资源，共同开发联合品牌，通过统一的市场推广策略，提升呼和浩特市知名度和吸引力。进一步发挥"呼和浩特市博物馆联盟"纽带作用，加强与所属博物馆及旗县区博物馆之间的层级联动、服务互补、功能带动。

完善激励机制。制定相应政策，鼓励博物馆经营性项目取得的相应收入全部用于博物馆事业发展和人员激励。探索对提供良好社会服务的博物馆给予激励。推动博物馆制定完善内部分配和激励规则，对作出突出贡献的人员进行奖励。

三、资源保障

积极争取上级有关专项资金，重点支持博物馆场馆建设、提升改造、馆藏文物保护修复、举办或引进优秀展览陈列、免费开放等，不断提升资金基础保障。积极探索建立以政府投入为主、多渠道投资的博物馆融资机制，引导社会资本参与呼和浩特博物馆之城建设，探索博物馆事业的可持续发展之路。推动实现多元投入，鼓励社会力量以直接捐赠、设立基金会或专项基金等形式支持博物馆发展。

四、人才保障

设立呼和浩特博物馆之城建设智库，加强与自治区各高等院校合作，强化博物馆学人才教育，培养具有中国情怀、全球视野的复合型专业人才。创造良好环境，积极引进场馆管理、文物修复、展陈设计、学术研究、社会教育讲解等专业人才。推进场馆从业人员继续培训，积极参与国家、自治区文化文物部门人才培养、培训计划，通过研修培训、学术交流等方式，培养一批优秀的场馆管理经营、文物科技保护、陈列展示设计、教育传播、文化创意、国际交流合作等紧缺专门人才。

五、监督管理

牢牢掌握党对意识形态工作领导权，落实中央关于意识形态工作责任制要求，加强对陈列展览等内容产品的审查把关，坚守文化安全底线。积极探索新形势下博物馆建设的管理机制，在行业准入、等级评定、科研活动、陈列展览、学术交流、馆际合作、政策信息等方面加强指导。推动博物馆通过多种方式公开发布管理运行情况，主动接受社会监督。开展呼和浩特博物馆之城规划实施的动态监测、节点管理、协调调度、进度评估等工作，大力宣传博物馆之城建设的重要意义、丰富内涵和进展成效，保障本方案有序高效实施。

后记

过去是打开未来的钥匙，这把钥匙就藏在博物馆里。

在古罗马神话中，有一位叫作雅努斯（Janus）的守护神，他天生具有前后两个面孔，一个朝向过去，一个面向未来。他代表着一切事物的开始与终结，又奇迹般地将两者融为一体。他告诉人们，对历史的追寻，就是对未来的探索。今天，在高楼林立、灯火辉煌的大都市中，一座座或高大恢弘、或小巧精美的博物馆，就如同雅努斯一样，一面为我们保存历史的记忆，一面向我们展现未来的图景。

博物馆是人类的文明之花，而城市则是文明的花园。面对工业时代以来前所未有的城市化进程，为了更好地发挥博物馆对于城市文化建设、社会发展、经济繁荣的积极作用，"博物馆之城"的概念应运而生。在后工业时代，文化导向城市更新（Culture-led regeneration）理论的引领下，"博物馆之城"得到认同和发展，并开始在城市化发展速度最快的中华大地上萌发生长。作为《"十四五"文物保护和科技创新规划》所提出的一项重要战略，可以预见，在未来几年中，会有越来越多的"博物馆之城"走进我们的视野。在这个时间节点上，对"博物馆之城"理论、规律、趋势、实践方法的研究，也必将成为新时代博物馆领域的重要课题。

2021年，我们有幸作为中国文物报社工作团队的成员，按照北京市文物局的委托要求，与北京博物馆学会的同仁一道承担了《北京博物馆之城建设发展规划》的前期研究和执笔编写工作。在这个过程中，我们面向全国和全球系统征集有关博物馆之城建设的相关资料，并就"什么是博物馆之城、怎样建设博物馆之城"等相关问题，溯本求源、集思广益。《博物馆之城：城市文化更新的前沿探索》一书正是我们在此次研究之中幸运收获的一个"副产品"，本书的内容也是在《北京博物馆之城建设发展规划》一次次的修改打磨，以及后续参与相关城市的博物馆之城建设工作中逐渐充实起来。

本书共有九章，第一、二章是对博物馆之城发展背景的回溯，后工业时代新兴城市的文化诉求与博物馆作为文化场景、消费触媒的价值发挥完美契合，建设博物馆之城是推动"功能城市"向"文化城市"转变的重要手段。通过对世界知名博物馆之城和国内26个提出建设博物馆之城的城市在资源禀赋、城市类型、博物馆分布等方面的系统梳理分析，对当代中国语境下的博物馆之城的概念进行界定。第三、四章是博物馆之城建设的主要内容和基本路径，其中，博物馆生态林、功能树、产品链、协作体和文化圈涵盖了博物馆之城建设的各个方面，不同的城市在建设中可以根据实际情况进行相应的调整。第五、六、七章分析了博物馆之城建设中的三个不同主体，即单体博物馆、博物馆集群和类博物馆对于城市更新、街区改造和推动文化创意产业发展的作用和意义。第八章构建了一套对博物馆之城建设成效的评价体系，包含评价原则、评价方法、指标设置等内容。第九章选取了北京、西安、南京、佛山四个城市进行案例介绍，四个城市都具有丰厚的历史文化底蕴，城市规模涵盖大、中、小三种不同类型，地域分布在华北、中部、东部和南部各个地区。附录部分附上了作者近年参与编制的《北京博物馆之城建设发展规划（2024—2035年）》《呼和浩特博物馆之城建设总体规划（2025—2035）》。

博物馆学研究具有跨学科、多视角的特点，在本书的写作过程中，我们不断吸纳城市更新、城市规划、公共文化服务等领域的理论和观点，在学术传承的基础上提出一些新的观点和方法。但我们也深知，对于"博物馆之城"这样一个复杂的课题，很多理论和方法都需要在探索中逐步完善成熟。这本小书是我们关于博物馆之城最初的设想，还有很多不足之处，在这里加以介绍，以期抛砖引玉。

在此，特别感谢北京市文物局、北京博物馆学会以及中国文物报社的有关领导和专家对课题的大力支持，感谢国家文物局、中国博物馆协会、呼和浩特市文化旅游广电局（文物局）、中国人民大学、北京工商大学等单位的专家学者提供的修改意见，感谢出版社的编辑老师为本书付出的辛勤努力。鉴于为本书的编辑出版给予帮助的人数较多，无法一一列名，再次向为本书提供支持的所有领导和专家表示由衷的感谢！

李晨　耿坤
2025年春于北京